中华复兴之光
美好民风习俗

五福临门吉象

梁新宇 主编

五福今天来

汕頭大學出版社

图书在版编目（CIP）数据

五福临门吉象 / 梁新宇主编. -- 汕头：汕头大学
出版社，2017.1（2023.8重印）
　（美好民风习俗）
　ISBN 978-7-5658-2822-5

Ⅰ．①五… Ⅱ．①梁… Ⅲ．①风俗习惯－中国 Ⅳ．
①K892

中国版本图书馆CIP数据核字(2016)第293467号

五福临门吉象　　　　　　　　　WUFU LINMEN JIXIANG

主　　编：梁新宇
责任编辑：邹　峰
责任技编：黄东生
封面设计：大华文苑
出版发行：汕头大学出版社
　　　　　广东省汕头市大学路243号汕头大学校园内　邮政编码：515063
电　　话：0754-82904613
印　　刷：三河市嵩川印刷有限公司
开　　本：690mm×960mm　1/16
印　　张：8
字　　数：98千字
版　　次：2017年1月第1版
印　　次：2023年8月第4次印刷
定　　价：39.80元
ISBN 978-7-5658-2822-5

前言

党的十八大报告指出："把生态文明建设放在突出地位，融入经济建设、政治建设、文化建设、社会建设各方面和全过程，努力建设美丽中国，实现中华民族永续发展。"

可见，美丽中国，是环境之美、时代之美、生活之美、社会之美、百姓之美的总和。生态文明与美丽中国紧密相连，建设美丽中国，其核心就是要按照生态文明要求，通过生态、经济、政治、文化以及社会建设，实现生态良好、经济繁荣、政治和谐以及人民幸福。

悠久的中华文明历史，从来就蕴含着深刻的发展智慧，其中一个重要特征就是强调人与自然的和谐统一，就是把我们人类看作自然世界的和谐组成部分。在新的时期，我们提出尊重自然、顺应自然、保护自然，这是对中华文明的大力弘扬，我们要用勤劳智慧的双手建设美丽中国，实现我们民族永续发展的中国梦想。

因此，美丽中国不仅表现在江山如此多娇方面，更表现在丰富的大美文化内涵方面。中华大地孕育了中华文化，中华文化是中华大地之魂，二者完美地结合，铸就了真正的美丽中国。中华文化源远流长，滚滚黄河、滔滔长江，是最直接的源头。这两大文化浪涛经过千百年冲刷洗礼和不断交流、融合以及沉淀，最终形成了求同存异、兼收并蓄的最辉煌最灿烂的中华文明。

五千年来，薪火相传，一脉相承，伟大的中华文化是世界上唯一绵延不绝而从没中断的古老文化，并始终充满了生机与活力，其根本的原因在于具有强大的包容性和广博性，并充分展现了顽强的生命力和神奇的文化奇观。中华文化的力量，已经深深熔铸到我们的生命力、创造力和凝聚力中，是我们民族的基因。中华民族的精神，也已深深植根于绵延数千年的优秀文化传统之中，是我们的根和魂。

中国文化博大精深，是中华各族人民五千年来创造、传承下来的物质文明和精神文明的总和，其内容包罗万象，浩若星汉，具有很强文化纵深，蕴含丰富宝藏。传承和弘扬优秀民族文化传统，保护民族文化遗产，建设更加优秀的新的中华文化，这是建设美丽中国的根本。

总之，要建设美丽的中国，实现中华文化伟大复兴，首先要站在传统文化前沿，薪火相传，一脉相承，宏扬和发展五千年来优秀的、光明的、先进的、科学的、文明的和自豪的文化，融合古今中外一切文化精华，构建具有中国特色的现代民族文化，向世界和未来展示中华民族的文化力量、文化价值与文化风采，让美丽中国更加辉煌出彩。

为此，在有关部门和专家指导下，我们收集整理了大量古今资料和最新研究成果，特别编撰了本套大型丛书。主要包括万里锦绣河山、悠久文明历史、独特地域风采、深厚建筑古蕴、名胜古迹奇观、珍贵物宝天华、博大精深汉语、千秋辉煌美术、绝美歌舞戏剧、淳朴民风习俗等，充分显示了美丽中国的中华民族厚重文化底蕴和强大民族凝聚力，具有极强系统性、广博性和规模性。

本套丛书唯美展现，美不胜收，语言通俗，图文并茂，形象直观，古风古雅，具有很强可读性、欣赏性和知识性，能够让广大读者全面感受到美丽中国丰富内涵的方方面面，能够增强民族自尊心和文化自豪感，并能很好继承和弘扬中华文化，创造未来中国特色的先进民族文化，引领中华民族走向伟大复兴，实现建设美丽中国的伟大梦想。

目　录

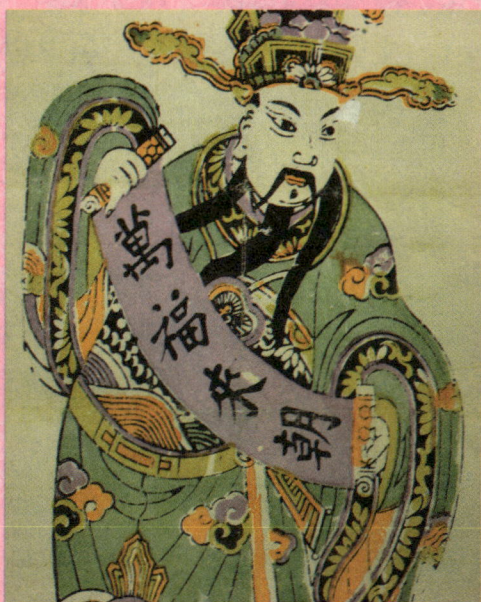

福

孜孜追求的福如东海　002

福星原本是天上的木星　008

福神从自然神演变到人　012

独树一帜的我国福文化　017

天下第一福的五福文化　022

贴福字的起源及传说　027

禄

032　主管赏赐官禄的禄星

036　梓潼神转变成文昌帝君

042　禄神独特的传奇演变

047　道教中主宰文运的魁星

051　禄神盛行带来的民俗

寿

寿比南山及麻姑祝寿　058

寿星大脑门和手杖演变　062

寿字是传统文化的瑰宝　066

表达孝心和亲情的祝寿　070

祈寿文化和吉祥图案　074

绚丽多彩的寿文化　079

喜

084　丰富多彩的喜神传说

088　双喜临门而成红双喜

092　喜神崇拜形式的走喜方

097　充满喜事期盼的四喜娃娃

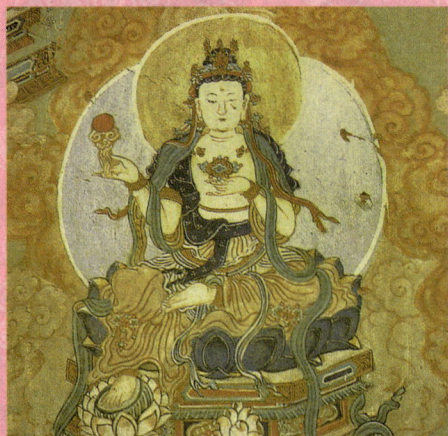

财

专司财富的财神赵公明　102

生财有道的范蠡和比干　105

信义为本的武财神关羽　110

传统习俗中的祭神求财　114

以来财为代表的招财祥物　119

"福"字，它是由"衣"字、"一"字、"口"字、"田"字组成，"衣"字旁又有福禄之意，因此，福字的意思就是"一口田，衣禄全"。因为，在我们的祖先看来，有衣服穿，有一口田，能吃饱饭那就是福气了。尽管后世多有变化，但是福都是几千年来人们孜孜追求、时时向往的境界。

福文化，是我国的一种文化现象。我国的福文化，内容非常丰富。以传统文化来概括，几无外乎"福、禄、寿、喜、财"。在这5个字中，又以福为首。我国的福文化，已经形成一种文化景观，十分宏大。它渗透于社会的诸多领域，并且源远流长。

孜孜追求的福如东海

相传那是在很久以前，有一年接连好几个月没下雨，各处都闹旱灾，井、河干涸，地开裂，庄稼颗粒无收。海南珠崖郡的崖县也不例外，饥饿干渴的崖县人天天跪在地上，祈求天神赐降甘霖。

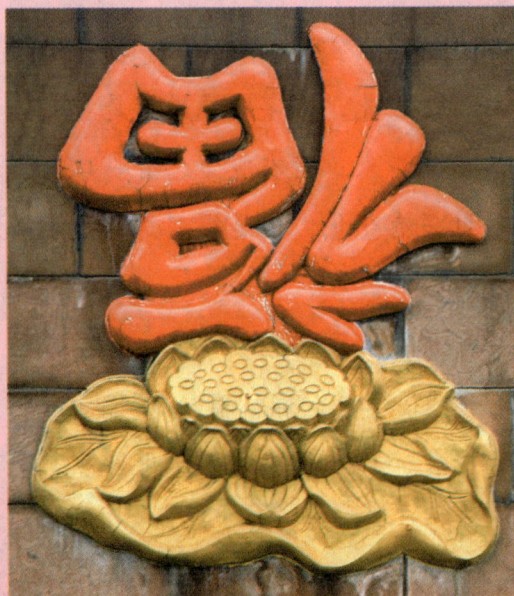

在崖县的鹿回头村庄，有一位勤劳勇敢的小伙子，他的名字叫阿富。他每天到海里去捕鱼给乡亲们，奇怪的是，不论到哪个海域都捕不到鱼，只有到大东海才能打到鱼。

一天，阿富在大东海捕到一条好大的鱼，他回到村里，把鱼切成一块块分给乡亲们，而自己只留下一点点鱼头。

他正要烧水煮鱼头时，来了一位要饭的老太婆，只见她满头白发，一脸皱纹，破衣烂衫，又脏又臭。阿富却一点也不嫌弃她，请她坐下，说煮熟了鱼头就给她吃。

老太婆说，她饿了三天三夜，最好现在就给她生鱼头吃。

阿富二话没说，立即把鱼头给了老太婆。老太婆狼吞虎咽地吃完了，顿时有了精神。她跪下叩头感谢阿富的帮助，阿富慌忙上前扶她起来。当老太婆被阿富扶起来时，阿富闻到了一阵阵淡淡的清香。

他抬头一看，天哪，站在他面前的不是又脏又臭的老太婆，而是胜似天仙的美女。只见她乌黑的头发柔软地披在肩上，眼睛又大又黑，脉脉含情，樱桃似的小嘴漾着动人的微笑，整个鹅蛋形的脸上闪烁着美丽动人的光辉。她整个的人就像一朵含苞待放的槟榔花，又美又香又动人。

阿富望着她，眼睛都发直了。好半天他才问："你就是刚才那位老太婆变的？"

姑娘点点头说："我的名字叫阿美，是大东海龙王的第三个女儿。现在人间闹旱灾，我是来告诉你们，善良的人们只要到大东海喝三口海水，回来后，挖地出水，种地丰收，做买卖发财、总之，就能心想事成。"

说完，她问阿富是否愿意试一试。没等阿富回答，她即拉起阿富的手，阿富感到身体飘了起来，不一会儿，就到了大东海边。

阿美用手捧了三口海水喝，阿富模仿阿美的动作，也用手捧了三口海水喝，这时里阿美又拉起阿富的手，飘到了田间。

她对阿富说，你心里想着一件事，然后你开始行动，保你心想事成。阿富蹲下来，用双手掘地，不一会儿，地里冒出一汪清澈的淡水，阿富扑下去喝那水，又香又甜。

阿富说："如果这汪水变成了一条河流就好了，乡亲们就有救了。"他的话音刚落，只听到一阵阵"哗哗"的流水声，他眼前的水窟变成了一条又长又阔的河流，清澈碧绿的河水欢快地奔腾着。

阿富高兴得手舞足蹈，他边往村里奔跑，边高声呼喊："乡亲们，有水了！庄稼有救了！我们有救了！是阿美仙姐救了我们。"

突然，阿富发现自己还没有谢过阿美呢，正想回头去找，阿美已飘到了他身边。他跪下要向阿美叩头感谢。

阿美说："不用谢！"

她问阿富："你肯娶我为妻吗？"

阿富惊喜得几乎不敢相信自己的耳朵，望着阿美发愣。

阿美又问："你肯娶我为妻吗？"

阿富大声说："肯！"

这时，乡亲们敲锣打鼓地跑来了，他们问阿富，阿美仙姐是怎样给他们带来一条奔腾不息的淡水河的，于是，阿富便从头至尾叙述了事情的经过。

乡亲们兴奋地把阿美抬了起来，他们异口同声地说："阿美就是

我们的再生母亲，由于她的帮助，我们才有了救，才没有被旱灾害死。"从此，这一带的黎族同胞称妈妈为阿美。

在鞭炮和锣鼓声中，阿富和阿美成亲了。从那以后，鹿回头村的村民们一遇到什么想办的事就到大东海去喝三口海水，定能心想事成。

善良的鹿回头村的村民们又把这一秘密告诉每一个来大东海玩耍的人们，因此，只要到过大东海的人，都喝过三口大东海的水，他们凡事都能成功，万事如意。

鹿回头村的人们说这幸福是大东海给的，因此常说福如东海，指福气像东海那样大。于是，"福如东海"这句吉祥的话就一直流传了下来，而"福"也就成了人们心中共同的愿望，那就是企盼福气的到来。一个"福"字都寄托了人们对幸福生活的向往，也是对美好未来的祝愿。

福字是我国最古老的文字之一。福，从示部。从示部的汉字，多与祭祀、神明、祈祷、企盼有关。关于这一点，可从甲骨文中的福字得到印证。

在甲骨文中，福字是"两手捧酒浇于祭台之上"的会意字，是古代祭祀的形象写照。由此可见，福的最原始含义是"向上天祈求"。后来，福又成为特指祭祀用的酒肉。

随着社会的不断发展，福的含义被逐渐延伸、扩展。如《左传·庄公十年》记载：

小信未孚，神弗福也。

这里的福，就是护佑的意思。我国最早的字书《说文解字》，对福的解释基本采用的是《左传》上的说法，即："福，佑也。"意为神灵保佑，逢凶化吉为福。

福字由示、一、口和田组成。示，指神祇；田，指耕地、打猎。一字，按《说文》解释说，"一"是一切开始之初，道立于一，一分天地，化成万物。口字，《说文》说，"口"是人们为什么言食的原因。在这个福字上，寄托了老百姓祈求得到田地，以满足温饱需求的愿望。

总之，不管是《左传》、《说文》对福的诠释，还是人们对于福的理解，福都是几千年来我国百姓们孜孜追求、时时向往的境界。

相传帝尧有一天到华地去视察，华地封人前往祝贺说："唯愿圣人多福、多寿、多男子。"

帝尧听罢连忙辞道："实在不敢，多福就是多出许多麻烦事，多寿又要多出许多耻辱，多男子更要为他们多担心。"

封人说道："上天生了万民，必要给他们事情去做，每个男子都有事情做，有什么可担心的呢？把福分赐给众人，让人人都有福，又有什么麻烦呢？天下有道，便国泰民安；天下无道，便要竭力施德仁，哪里会有什么耻辱呢？"

帝尧与封人的这一对答，便为后世留下了"华封三祝"，作为祝人和自祝的祝福贺词。

知识点滴

福星原本是天上的木星

早在上古时期，古人就认为浩渺无际的星空是众神的居所，每一点星光都是一位星辰之神。星辰之神虽然远在天边，遥不可及，却被认为是地上万物的主宰。起初人们把天上星辰想象成恐怖的怪兽模样。

由于人们常在东方看到木星升起，而五行观念中东方属木，所以就称为"木星"，他的星神名为岁星神。《天官·星占》里讲：木星照耀的国度，赐福于君王，保佑他政权稳定。星相家们近而引申为："岁星所照，能降福于民"是说岁星照耀的地方，百姓也能够得到好运和幸福。看来早在西汉以来，人们就把木星作为赐福之星看待。

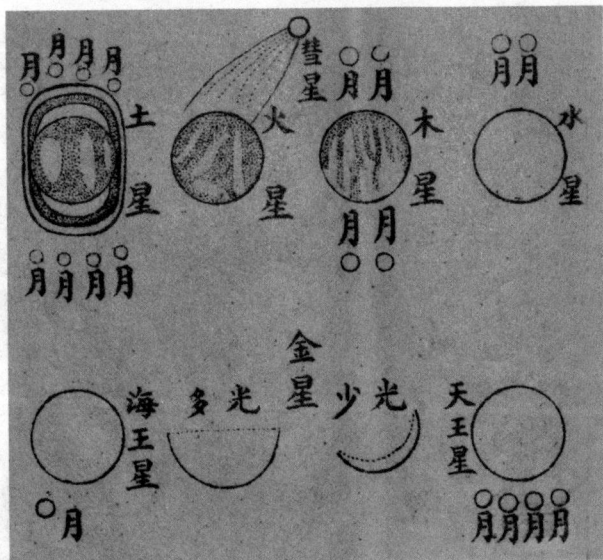

可是天上的星辰数不胜数，为什么偏偏选中木星作为福星呢？或许是人们看重他的明亮出众，引人注目。但明亮还不是人们选中他的主要原因。木星不仅是看上去很美，还有重要的实际功用。

那就是他的另一个名字"岁星"所标示的含义：用来纪年和修订历法。古人发现在每晚同一时刻观察木星，他的位置都有微小差别，但变化量极小，不易察觉。如果以年度为单位来做比较，这个变化就非常明显。

而这种变化的周期是恒定的，因此在古代天文学家的眼中，木星就具有了非同寻常的重要性。在他们看来，天空就像是一个大时钟，木星就像是大时钟的指针。只不过它转一圈不是12小时而是12年。古代天文学家用这座大钟作大跨度时间的调整校正，以修订历法。

不仅如此，古人还发现木星与农业收成有某种关联。《淮南子·天文训》中有一段文字讲到木星12年周期。

大意是岁星所在的地方，保证五谷丰登，第三年会有饥荒，第六

年进入衰落，第十二年开始兴盛。

古人观察发现在木星活动的12年周期当中，气候也呈现周期性变化。而气候对农业生产来说至关重要。因此在《史记》《汉书》等史书中，明确记载岁星是主管农业的星官，地位极为崇高。

以《史记·天官书》中的记载来看，2000多年前的秦汉时期，就有专门的庙宇来供奉岁星，而且这种祭祀制度一直持续至清代晚期。

在紫禁城南就有一座祭祀岁星的大殿，每到金秋时节，皇帝率领文武百官在此举行盛大仪式，祈求岁星赐福天下，保佑五谷丰登。民以食为天，丰收当然是福，因此岁星后来被赋予福星称号自然是实至名归，当之无愧。

然而这位赐福的岁星神，还有一个令人恐惧的别名，叫做"太岁"。俗语里太岁头上不能动土，说的就是这位太岁星神。为什么寄托人们美好心愿的福星，居然还有太岁的凶神一面呢？

我国最古老的星官画像，绘制于1300多年前的唐代开元时期，名为《五星二十八宿图》，里边描绘金、木、水、火、土五星和28位星神形象。排在众星之首的福星，却有着一副怪兽模样，他的头部似虎非虎，一双豹目圆睁，身着一袭简朴长衫，盘膝而坐，又酷似一位读书人。他的代步工具更是令人匪夷所思，居然是一头硕大的野猪。

这幅画像的作者梁令瓒，梁令瓒是唐代中期著名的天文仪器制造家和卓越的人物画家。他描绘的这幅画像，必定是当时大多数人所认可的星官形象。

一代传一代，岁星木星成了人们心目中降福下界、赐予人们好运幸福的福星，与寿星、禄星并称为"三星"，年画中就有《福禄寿三星图》。造房子时也要用红纸大书"福星高照"贴于正梁上。

每逢岁星来临之际，正是人间辞旧迎新时，家家户户遥拜祭祀岁星，祈求新的一年吉祥幸福，人寿年丰，五谷丰登，六畜兴旺。

清代光绪年间，滨江关道道员杜学瀛受黑龙江巡抚程德全指派，护送鳇鱼、鹿筋、熊掌等贡品进京。

杜学瀛腊月二十到达皇宫大内，正赶上光绪帝在乾清宫举行御笔赐福仪式。皇帝写的第一个"福"字要悬挂于乾清宫正殿，其余张贴宫廷内苑各处，及赏赐王公宠臣和各省将军督抚。

杜学瀛运气好，有幸得到了皇帝御笔"福"字，这让他实在是受宠若惊。从京城回到道台府，杜学瀛逢人便讲，给别人看皇帝御赐的福字。杜学瀛还说，能在赐福仪式上得到皇帝御笔福字的，每年只有10余人。杜学瀛把御赐的福字挂在了会客厅内，谓之"福字厅"。

知识点滴

福神从自然神演变到人

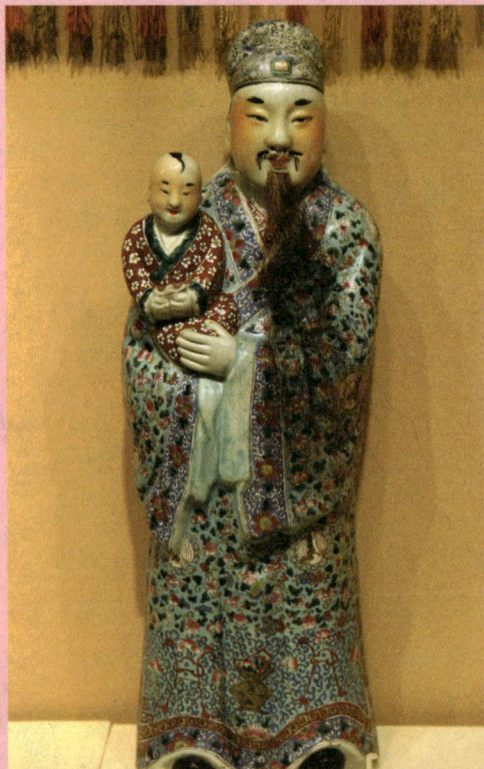

福神与许多神灵一样，也经历了由自然神灵到人物神灵的演变历程。最初的福神为星辰，称"福星"。

福星，即木星，也叫"岁星"，可以说人们是把木星当做了赐福的福神。福神人格化后，又附会上了多种说法。

在古代民间传说中的福神，又是被神化了的人，他就是唐代清官阳城。阳城，陕州夏县人，祖籍定州北平。阳城一生与世无争，好学乐施，以忠义卓行而著称。

　　阳城自幼天性好学，至唐后期京道衰败，生活贫困，以致无钱买书。因而，他请求为集贤院属吏，借此机会攻读，昼夜闭门，坚持 6 年之久。进士及第后，阳城由于不贪图功名利禄，便隐居中条山，与弟阳智、阳域相依为命，过着清贫的生活。

　　阳城由于乐施，为乡里称著，为人所敬仰。山东节度使闻其忠义，派人送来缣500匹，阳城固辞不收，使者扔下便走。阳城把缣封存起来，从不打开。逢里人郑俶无钱葬父，就全部送去。郑俶感激不尽，请求做阳城的家奴以示报答。阳城批评了他这种行为，收郑俶为学生，传授他知识。

　　阳城谦恭简素，舍施行义，在乡里有很高的威望，村间中发生争论之事，不是去找官府解决，而是找阳城进行调解。

　　阳城的行为，闻名遐迩，陕虢观察使李泌多次聘其为府僚，阳城始终不应。李泌又把他推荐给唐德宗，命为著作佐郎。李泌派参军韩杰奉诏书谒见，阳城谢称体弱多病，不堪奔走，谢绝诏命。

　　李泌任宰相后，再次向唐德宗荐举，又命阳城为谏议大夫，派长安尉杨宁带诏书绢帛聘请。阳城无奈，只好衣粗布前往京城谢恩辞绝。唐德宗派宦官取来朝服绯衣下令更衣召见，并赐帛50匹，促使阳

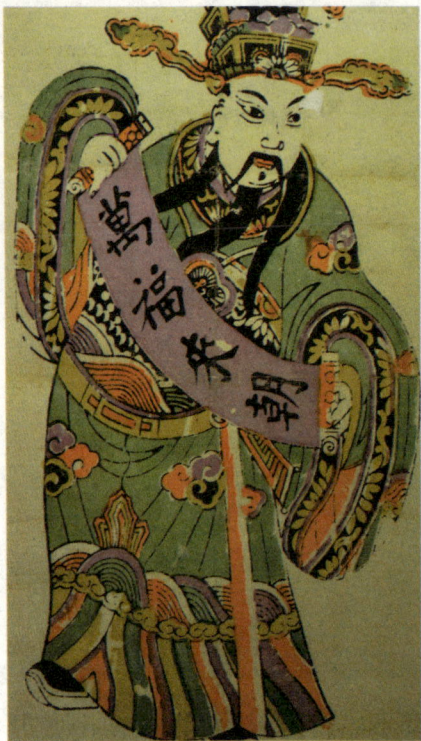

城从隐居生活步入政治生涯。

阳城在任道州，即今湖南道县刺史时，因道州多生侏儒，多年惯例，州里每年都要把侏儒贡献朝廷，供宫中玩乐。每逢强征侏儒送往京都那天，生离死别，哭声震天，惨不忍睹！

阳城是个以人民痛苦为怀的好官，就在来任道州刺史的当年，便下令不再征召民间侏儒，当然也就不再进贡了。朝廷派人前来，令阳城进贡侏儒。阳城置安危于度外，写了一道奏章，托来使呈交唐德宗。

唐德宗皇帝看了奏章后，终于省悟，于是下诏：自后免除道州进贡侏儒。道州罢侏儒，父子免离散。消息一经传出，道州百姓奔走相告，为使子孙万代永记阳城的恩德，生了儿子均以"阳"名之，又把道州城里的一条街改名为"阳城街"。

道州百姓感恩阳城为民解灾降福，纷纷捐资为阳城建造祠堂，众多人家还供奉阳城的画像，久而久之，阳城被奉作了福神。

道教传扬的福神天官旧时演戏，常在正剧的前加面演《天官赐福》。这里说的赐福的天官，就是指道教树立的福神。

公元142年，张道陵创立天师道，做三官书为人治病，即天官、地官、水官。

"天官赐福"，语出《梁元帝旨要》：

上元为天官司赐福之辰；中元为地官赦罪之辰；下元为解厄之辰。

他们各司职责，其中天官赐福，地官赦罪，水官解厄。后来道教又以上元天官正月十五生，中元地官七月十五生，下元水官司十月十五生，届期设斋诵经。明代《三教搜神大全》"三元大帝"记载："上元一品天官赐福紫微帝群，正月十五诞辰。"民间则于春节开始，敬天官以盼福音。

民间贴对联，上联"吉庆有余"，下联"天官赐福"或"受天百禄"。其周围再配上灵芝或杂宝，多用于祝贺生辰的画稿、礼品装饰等。还有用于影壁上的方形装饰画——"福字灯"。一般内容为"天官赐福"，画面上除绘有天官和"天官赐福"字样处，再加四季花和祥云等内容，是民间新年装饰品。

在年画《天官赐福》中，天官头戴如意翅丞相帽，五绺长髯，身穿绣龙红袍，扎玉带，怀抱如意。以天古、蝙蝠为主组成，"蝠"与"福"同音，借以表达吉祥、天官降福之意。

天官是授福禄的神人，天官大帝手执"天官赐福"4个大字横幅，背靠花团锦簇的"福"字，头顶脚下祥云和5只蝙蝠环绕，脚下寿桃，象征着"多福多寿"，天官大帝把美好幸福生活赐予人间。

由于道教的着力尊奉宣扬，信奉福神

天官的人与时俱增，明代以后成了神州大地公认的福神。福神的形象也逐渐趋于统一，均是一品大臣服饰，腰缠玉带，手执"天官赐福"条幅，生得天庭饱满、下颌方圆，五绺长须，慈眉善目，一副大富大贵福相。

元明时期，阳城又被传说为汉武帝时人杨成。以后更多异说，或尊天官为福神，或尊怀抱婴儿的"送子张仙"为福神。

随着文明进程的发展和民俗文化的丰厚，福的内容也越加丰富。福寄托着民间百姓所有的美好憧憬，作为吉祥文化的主要内容，多角度、多层次地反映了人们的理想与愿望。

知识点滴

汉代刘安《淮南子·人间训》中讲了一个塞翁失马的故事。塞翁丢了马，几个月后丢失的马又带回几匹好马回来。儿子高兴地骑上被带回的好马，从马上摔落下来跌断了骨头，官方来征兵打仗，塞翁之子因残疾而免服兵役。留下了"塞翁失马，安知非福"的名句。

早在春秋时代老子就把这种好事和坏事可以转化的关系概括为"祸兮福所倚，福兮祸所伏"由祸转福为吉，由福转祸为凶，因此有福要会享，不要忘乎所以，才能逢凶化吉，否则就会乐极生悲。

独树一帜的我国福文化

　　"福"是国人眼里最吉祥的字眼，"福文化"更是源远流长、博大精深，从深层的文化心理到外表的器物制度，从钟鸣鼎食之家到引车卖浆之流，从文人墨客的笔端到黎民百姓的床头，一个"福"字，凝聚着有着上下5000年文化的中国人的伦理情感、生命意识、审美趣味与宗教情愫。

　　古往今来，关于"福"的内涵众说不一。《礼记》记载：

福者，百顺之名也。

　　也就是说，"福"有顺利、诸事如意的含义。这是关于"福"的最早记录。而"福文化"的由来，

人们可以最早追溯至原始社会的星辰自然崇拜上来。先民们为了驱邪避难，祈求风调雨顺、五谷丰收，就按照自己的意愿，赋予他们非凡的神性和独特的人格魅力。

在流传的"福"、"禄"、"寿"三星的崇拜中，"福星"最集中地反映了人们祈福纳祥、追求美满幸福生活的善良愿望。随着历史的发展、时代的变迁，作用范围从"天庭"崇拜延伸至现实世界。

其外在体现从部落图腾延伸至人们衣食住行的方方面面；其内在的预示意义从直观美好愿望的简单诉求延伸并升华为预示着好运、幸福、长寿、发财、加官晋爵、子孙满堂等的文化，从而构成了民族文化方阵中独树一帜的"福"文化。

福文化的核心是"五福"观念。"五福"这个名词，原出于《书经》和《洪范》。

五福的第一福是"长寿"；第二福是"富贵"；第三福是"康

宁";第四福是"好德";第五福是"善终"。长寿是命不夭折而且福寿绵长。富贵是钱财富足而且地位尊贵。康宁是身体健康而且心灵安宁。好德是生性仁善而且宽厚宁静。善终是能预先知道自己的死期。临命终时,没有遭到横祸,身体没有病痛,心里没有挂碍,而且自在地离开人间。人们认为,只有这样的人生才是完美的。

在封建社会中,不同阶层、地位的人,对福的理解也不尽相同。对于农民来说,有自己的土地,春种秋收,风调雨顺,丰衣足食就是福。而平民百姓常年遭遇苛政、战争或灾荒的境地,能阖家平安,生存下来就是福。

商人却往往算盘黄金万两、财源茂盛达三江才是福。文人学士的福又有不同,十年寒窗苦,一朝人上人,金榜题名就是他们最大的福。老年人把健康、长寿,有子孙膝下承欢,看做是最大的福。

古人对福的认识,是现实的也是辩证的。老子以辩证的思想,对福与祸进行了阐述。在《老子》第五十八章,则有"祸兮福之所倚;福兮祸之所伏"之语。就是说,这祸是相对于福而来的。

塞翁失马焉知非福,塞翁丢了马是不好的事,可是那丢的马又跑回来了,而且还带回了几匹骏马。这是因祸得福。而相对于那个捡拾了塞翁马的人,一下子反却丢了几匹马,这是因福得祸了。

事实上，"福"的含义十分广泛，包容了世俗生活中一切美好的愿望与目标。我们经常讲所谓的吉祥，多指福而言。因此，吉祥又可释为福。

古代字书《字林》记载："祯祥也，福也。"古籍《风角占》也说："福先见曰祥"。如此看来，福是我国吉祥文化中的一个十分重要的概念。随着社会的发展，祈福的观念融入各民俗活动中。

踩五福是自唐代以来流传于"赐福镇宅圣君"钟馗故里、财神故里、刘海故里的一种古老祈福文化活动，在西安钟馗故里山石上雕刻蝙蝠5只，寓意"五福"，据传说人们按由大到小的顺序踩踏5只蝙蝠后会返老还童，五福临门，福如东海。按由小到大的顺序踩踏5只蝙蝠后，会福贵双全。

傩舞"跳五福"是"跳钟馗"的一部分内容，又称跳判，一般有六跳：跳五福、跳加官、跳蟠桃、跳魁星、跳财神、跳龙凤，即演福禄寿喜财子傩戏，是一种祈盼人寿年丰，幸福美满，福海无边的古老民俗文化活动，又有很广泛的内涵。

每逢重要节日，这些地区都要"跳钟馗"，以求赐福镇宅，中榜得魁；钟馗真神显，送咱福禄寿喜安！古时"跳钟馗"是以木偶架在肩上嬉耍，后来发展到由人扮演钟馗，在村中巡游嬉耍。

表演跳五福时钟馗面涂紫金，口带长髯，头顶乌纱，足蹬朝靴，金银垫肚，外罩紫红袍，左手持金色蝙蝠，右手持七星宝剑，前有5只蝙蝠引路，后有黄罗伞盖，旁有书酒侍者，亦步亦趋。傩舞跳五福主要有钟馗降神、钟馗出巡、钟馗赐福、钟馗凯旋等几个段落。

那么，如何实现"五福临门"呢？或者说，人生的幸福源泉在哪里呢？我们的祖先一开始就把追求人生的幸福和人格的修炼、道德的完善结合在一起。不仅最初观念的提出把"修好德"列为五福之一，而且把修身养性、以德配天作为追求幸福的最高境界。

孔圣人在谈到何谓"乐"时，说道："发愤忘食，乐以忘忧，不知老之将至也。""一箪食，一瓢饮，在陋巷，人不堪其忧，回也不改其乐。"追求的是内在德性的完善，不在乎外在生活的富足。

孟子更是发扬了他的老师"君子忧道不忧贫"的幸福观，进一步提出了君子有"三乐"的德福观，把个体幸福的追求扩大到"仰不愧天、俯不怍人"的社会道义的层面。

从此之后，"立德为先""以德祈福"的我国传统的人生价值观，也注定构成了中国"福"文化的核心品质。

商纣的王叔箕子武王灭商以后出走朝鲜，一年后因思念故土而回到镐京，武王向箕子讨教治国之法。箕子提出了9种万事如意，其中有一条就是用五福劝人为善。

是说"一要长寿，二要富贵，三要健康安宁，四要遵行美德，五要善终"。箕子强调只要人为善就能得到五福。在我国，"五福"的吉祥图很多，杨柳青宫间《五福临门》画5个朝服天官，各持圣旨一道，上绘蝙蝠，象征天降五福于门前，幸福生活此刻开始。

知识点滴

天下第一福的五福文化

1673年，清代康熙皇帝为祖母孝庄太后"请福续寿"，写下了震烁古今的"长寿之福"。康熙皇帝一生酷爱书法，但却很少题字，所以康熙御笔是历代皇帝的笔墨中流传最少的，于是这就有了"康熙一字值千金"的说法。

传说，康熙一生流传下来的就剩3个字："无为"、"福"。"无为"现存于北京故宫博物院，而"天下第一

福"，则存于北京恭王府中的福字碑上。

康熙帝年幼丧母，由孝庄皇太后一手把他抚养长大的。1673年，孝庄太后60岁大寿将至，却不料突染沉疴。康熙查知上古有"承帝事"请福续寿之说，遂决定为祖母请福。

在沐浴斋戒3天后，康熙精选了一只上镌"赐福苍生"正楷4金字的毛笔，在丝绢制作的纸笺上，一气呵成，写就了倾注对祖母挚爱的"福"字，并破例加盖"康熙御笔之宝"印玺。

印玺是皇帝权力的象征，一般只能盖在圣旨和重要的公务文件上，绝对不可能盖在一般的书法作品上。而且，印玺既没有盖在福字的左下方，也没有盖在福字的右上方，而是郑重地盖在福字的正上方，寓意"鸿运当头，福星高照"。

孝庄太后自得到了这福字，百病全消，以75岁高龄得以善终。民间称这是康熙"请福续寿"带来的福缘。事后康熙几番重提御笔，却再也写不出其中的"福"字神韵来，所以民间盛传福为"天赐洪福"。

康熙倾注爱心所写的这个福字，有意无意间还创造了许多空前的纪录。

俗语称"有福必有寿，有寿必有福。有福无寿是为无福可受"。但是，由于"福""寿"两字字形差异太大，因此，自古以来很少有书法家将其合二为一，可康熙所写此"福"，恰恰将福、寿两字形为一体，做到"福中有寿，福寿双全"。此福的书写，不同于民间常用的饱满方正，其字形窄而狭长，为瘦，音谐寿，世称"长瘦福"，即长寿之福。

有意思的是这个福除了可以理解为寿外，还可分解成"才""子""多""田"4个字，有"多子多才多田多福多寿"。五福之寓，巧妙地构成了"福"字的深刻含义，意味深长，是古往今来独一无二的"五福"合一之"福"字，因而被世人公认为"天下第一福"。又因"田"部尚未封口，因此是洪福无边之福。

从书法上来看，康熙的"福"字，左上角为汉字草书"一"，左下角为汉字草书"子"，右上角为汉字草书"多"，右下角为汉字草书"田"，合起来看是"福"，分开来读则是，一子多田。不封口，则地大物博乃为福也。

康熙一生政绩卓著，他裁撤三藩、收复台湾、与俄国精确边界、两次亲征准噶尔，开疆拓土，正合"多田"之兆。一生有子数十，恰应"多子"之端。与孙乾隆帝各执政逾一甲子,均以高寿善终,正是"多寿"之人。

康乾盛世长达100多年,国富民强,为"多才(财)"、国泰民安则是万民"多福"。这"多子多才多田多福多寿"的福字,不仅让受福之人得福颇厚,更令康熙这请"福"送"福"之人受益终生,因此民间称此福为"请福聚福、送福得福"。

也就是从这个福字起,清代有了每年新年御赐福字的定例。孝庄太后于临终前,为了永久保存孙子玄烨送给自己的这个弥为珍贵的福字,亲命将其刻在石碑上,伫立于宫内。

乾隆继位后,将"天下第一福"赐给宠臣和珅。和珅命人运来几千块太湖石,在自己的府邸后花园砌成一条巨龙,这条龙的位置正好在京城的龙脉上,他将"天下第一福"藏在龙穴之中悉心供奉。

传说谁要能给家中老人请回这个"天下第一福",就一定能够为

老人添福添寿。而且，这个"福"字在请回之后还有一定讲究，除夕挂出，每日必须净手敬香，并于晚上用手去摸福字，由下向上，摸得越高就越长寿，至正月十五则必须收起深藏，此谓"摸年福增年寿"。更为珍贵的是，碑的正上方刻有康熙的御玺之印以镇福，这更是其他历史传碑无法相比的。因此，这个福字也就不能倒贴。

以《周易》五行分解此"福"字；可分解为"平"（属水）、"安"（属土）、"礻"（属金）、"一"（属土）、"口"（属木）、"田"（属火）、"福"（属水）。

按相生之道理，"水"生"木"，"木"生"火"，"火"生"土"，"土"生"金"，五行相生且五行生"金"，又为"生'金'之'福'"。因为没有"平安"万事空，所以"平安"人间第一"福"。

知识点滴

东晋书法家王羲之有一年从山东老家移居到浙江绍兴，此时正值年终岁尾，于是王羲之书写了一副春联，让家人贴在大门两侧。对联是："春风春雨春色，新年新岁新景。"

可不料因为王羲之书法盖世，为时人所景仰，此联刚一贴出，即被人趁夜揭走。接连好几副都是这样。于是王羲之想了想，提笔写了一副对联，写完后，让家人先将对联剪去一截，把上半截先张贴于门上："福无双至，祸不单行。" 夜间果然又有人来偷揭。可在月色下一看，见这副对联写得太不吉利。于是趁夜色溜走了。

初一早晨天刚亮，王羲之亲自出门将昨天剪下的下半截分别贴好，此时已有不少人围观，大家一看，对联变成："福无双至今朝至，祸不单行昨夜行。"众人看了，齐声喝彩，拍掌称妙。

贴福字的起源及传说

相传姜子牙在封神的时候，他的老婆听说后也来讨封。姜子牙说："你嫁到我家穷了一辈子，你命穷，封你为穷神吧！"

老婆一听有个神字很满意，但是姜子牙说："有福的地方，你不能去。"

这事传出去后，老百姓就在门窗上雕刻福字，过年到处贴上大福字，就是牛棚、猪圈、鸡舍、厕所、粪堆也贴上便于区别的倒福字，驱赶穷神。给人视觉和心理不雅的地方倒贴福字，成

了一种共识和约定俗成。

从此，家家过年贴福字，就是告诉穷神，我这里是有福的地方你千万不能进来。福字就是摆脱穷困、追求幸福的象征。这只是一个传说，体现了百姓们向往好运的心念。 春节贴福字，寄托了人们对幸福生活的向往，也是对美好未来的祝愿。

至明代，有一年朱元璋在元宵节出访，在一个镇上看见一幅画，画了一个骑在马上的赤脚女人抱着大西瓜。由于当朝的马皇后是淮西人，朱元璋认为是讥讽马皇后出身寒微。

在古代，细脚是身份的象征，只有富家小姐缠足。于是朱元璋大怒，命令御林军把画画的人和围观的人家满门抄斩。心腹还悄悄在挂画的那家门口倒贴一个福字作为记号。

马皇后得知此事后，为消除这场灾祸，令全城大小人家必须在天明之前，都在自家门上贴上一个福字。马皇后的旨意自然没有人敢违抗，于是家家户户的门上都贴上了福字。其中有户人家不识字，竟把福字贴倒了。

第二天，皇帝派人上街查看，发现家家都贴福字，还有一家把福字贴倒。皇帝听了禀报后，大怒，立即命令御林军把那家满门抄斩。

好心的马皇后一看事情不好，忙对朱元璋说："那家人知道您今日来访，故意把福字贴倒了，这不是福到

的意思吗？"

皇帝一听有道理，便下令放人，一场大祸终于消除了。从此，人们便将福字倒贴起来，一是求吉利；二是为了纪念马皇后。

民间还有将福字精描细做成各种图案的，图案有寿星、寿桃、五谷丰登、龙凤呈祥等。过去民间有"腊月二十四，家家写大字"的说法。福字以前多为手写，现在市场、商店中均中出售。福字倒贴，一直都在民间盛行不衰，反映了人们对幸福永恒的希望。

每年春节之际，家家都要贴福字，但是贴福字在青岛地区非常讲究，如果贴得不对，还会适得其反。福字分正福、倒福和各类小福字，根据福字的大小，该贴在什么地方一定要记住。倒福斗方，要坐北朝南，贴在门厅的正前方，这叫做"福入厅堂"。

一家只能贴一个，如果贴多了，叫做"重蹈覆辙"不吉利。正福也是斗方，一家也只能贴一个，必须坐东面西，象征"福如东海"。

门福必须是正福，有人把倒福贴在大门外，青岛话叫做"昏逡"，谁家的福到了门口，却不让进门？门外贴"倒福"会让一家有一种流年不顺的感觉。所以，门福必须要正福。

贴福字的讲究，是祖先们几千年来总结出来的经验。该贴到什么位置，都是按照天干地支排列出来，不能乱贴。

穷人家贴"穷福"，过去那些欠债的穷人往往过了小年或腊月三十早晨，就慌里慌张地把福字贴上了，意思就是把所有的讨债人都挡在门外。因为一旦贴上了门福就相当于过年了，所以讨债的就不能再上门逼债，这就叫"穷福"。

贴福字的时间，一般在年三十的下午，太阳尚未落下之前，而且顺序应该是从外向里贴，先贴抬头福，再贴门福，以此类推。最后一个才能贴倒福，意味着一年的福气都要从外面流进来。

知识点滴

还有一个传说，我国古代历来有"腊月二十四，家家写大字"的风俗。清代光绪某年腊月二十四，慈禧太后传旨，叫翰林院的翰林们写些庆贺春节的对联和福字，太后从中挑了几张，让大总管李莲英带着太监到宫内各处去张贴。

谁知惹出了风波，有个太监不识字，把一个"福"字贴倒了，太后出来欣赏对联和"福"字，正巧看到，刚要发怒，脑子转得快的李莲英急忙上前说："老佛爷请息怒，这是奴才有意把它倒着贴的。这'福'字倒贴，就是'福'倒了。福到了，不是大吉大利吗？"慈禧听后，转怒为喜，不但没惩罚那个太监，还赏了他几两银子。后来这个习惯传到了民间，成为一种风俗。

禄

禄是指官职禄位。禄神，是指可以给人们带来高官厚禄的吉祥神。原是星神，称"文昌星""文曲星""禄星"。在北斗星之上有7颗星，合起来称"文昌官"。其中的第六颗星，即是人们崇拜的禄星。

古代做官和科举考试直接相关，科举考试又与文人读书写文章直接相关。在传统中的士、农、工、商中，士排第一。士指读书人，"学而优则仕"，读书人书读好了就能当官食禄。所以禄神不但受到官场人士的敬奉，也受到崇尚文化的老百姓的喜爱，成为民间的吉祥神。

主管赏赐官禄的禄星

那是在上古时期，我们的祖先过着日出而作、日落而息的生活，每当日落之后，我们的祖先就会仰望头顶上那片璀璨的星空。久而久之，人们发现每个星辰，以及日月都有着一定的规律，并对其产生了浓厚的兴趣。

禄星位于北斗七星的正前方。因为总与北斗七星相伴升起，比较容易找到。司马迁在《史记·天官书》中有一段文字讲到禄星：

曰文昌宫：一曰是将，二曰次将，三曰贵相，四曰司命，五曰司中，六曰司禄。

大意是说：北斗七星正前方这6颗星统称文昌宫。里面最末一位就是主管官禄的禄星，也就是当中的司禄，职司功名利禄。

禄星与司命、司中，并称"三台"，又称"三公"，司命二星曰上台，即太尉。司中二星曰中台，即司徒。司徒二星为下台，即司空。皆正一品，其位至尊。司禄，主赏功晋爵。爵，即俸禄。故人命带禄成格，主其人气质高贵，禀中正之气，文章足以华国，威望可以服众，事功远大，位高身荣。

元禄神又名"岁禄"。在年月为"建禄"，四柱天干要见财官，"建禄生是月，财官喜透天"也。透财，富。透官，贵。

在时为"归禄"，不喜官星，"日禄归时没官星，号曰青云得路。""建禄"主长辈之荫，主少年时代幸福。若逢卫破，主家道中落。身若太旺，不屑顾祖产，不愿坐享现成之福，自己在外乡独创事业。若逢偏印，即破禄而无禄。

那时候的人们把天想象成一个巨大的圆形屋顶，所有星辰都在上面巡游。但人们发现有一处是不动的，几乎所有星辰都围绕这里旋转，这里就是天的中心，是天上皇帝的皇宫所在。古代星相家称"紫微宫"，与人间的紫禁城遥相呼应，是帝王居所。

左右两列分别是紫微左垣和紫微右垣，垣是城墙的意思，他们就像是皇宫的城墙。城墙外面有一辆马车整装待发，这就是北斗七星。而陪同天帝巡视四方的，自然被想象成皇帝的文臣武将。

在古代天文家看来，星辰运行规律所体现的社会秩序，与人间帝王社会毫无二致。虽然远自西汉时期，禄星这个遥远的天体就被赋予主管功名利禄的职责，但那时他的地位并不高。司马迁把他排在文昌宫六颗星里的最末一位。

但是进入隋唐时期，科举制度兴起，禄星开始走红。科举考试使平民百姓有机会靠读书做官改变自己的命运。虽然幸运者只是一小部分人，但毕竟给了人们一线希望。然而这是一条太过狭窄的羊肠小路，求之不得，自然会寻求神灵的帮助。

于是文昌宫里的那颗禄星就显得特别明亮。既然他负责天上宫廷里的人事选拔工作，也一定会能保佑读书人金榜题名。

至北宋时期，文昌宫所具有的职能更为单一。曾经最受重视的主管人间寿命的功能已被其他神取代。而这文昌两字又实在是太符合儒生们以文章求取功名、做官发达的迫切愿望。于是文昌星渐渐成为禄星的代名词。

禄星后由星神演化为人神。最有影响的禄神人神是在宋代附会上的梓潼神张亚子，称"文昌帝君"，是掌管文运利禄的神灵。

由于古代的科举考试主要是做文章，禄神崇拜便也包含对文运的

祈求，所以禄神又不仅仅是士人的主宰神，也是一般崇拜文化、崇拜文才的百姓所喜爱的吉祥神，或可称文神。

禄原指古代官吏的俸禄，也就是古代皇帝和其皇权政府，按照国家的规定，定期向各级官员发放的报酬。这些俸禄里除了钱币，还包括土地、实物等一切皇帝赐予的物质财富。

由于古人当官入仕需要参加科举考试，考取功名后方可加官晋爵，进而"食禄"。所以，禄又引申为前程、功名以及事业的代名词。因此，作为读书人的保护神和事业成功的象征，禄神逐渐在民间，尤其是想要飞黄腾达的人们的意识中，占据了不可动摇的地位。

在古代时，在正式的戏曲节目之前，往往有一场传统的表演预场：表演者身穿大红官袍，头戴一白色的假面具，手捧夸张性的大朝笏，笏上有"当朝一品"的字样，先上来绕场几周便下去。再出场时，抱一个道具小孩，绕场几周又下去。最后一轮出场，边跳边向观众展示其手中的加官晋爵之类的颂词。

表演者的数回跳场，主要是给大家一种吉祥、祝福的意愿，借以表示禄神降灵、鸿运高照。

知识点滴

梓潼神转变成文昌帝君

374年，蜀人张育自称为"蜀王"，起兵抗击前秦苻坚，英勇战死。蜀人在梓潼七曲山建张育祠，尊奉他为"雷泽龙王"。当时，梓潼七曲山另有梓潼神亚子祠。

《华阳国志》记梓潼县有"善板祠"，供张亚子。《太平寰宇记》又记有张亚子显灵的故事。张亚子曾经在长安见到姚苌，张亚子对他说："9年后，君当入蜀，若至梓潼七曲山，希望您来找我。"

《十六国春秋辑补·后秦录》记载，姚苌于366年果然来到七曲山，见到一神人，神人说："回秦地去吧！秦地无主，君主大概就是您吧！"

姚苌请问那神人的姓名，神人说他叫"张亚子"，说罢就不见了。

姚苌回到秦地后果然建立后秦，登基称帝，于是就在秦地立"张相公庙"以祀张亚子。

唐代时期，张亚子的信仰在民间非常盛行。唐玄宗安史之乱时到蜀地为了躲避战乱，便投宿在七曲山，曾被张亚子托梦，说玄宗不久将做太上皇。后来唐肃宗果然自行即位，梦境灵验，故玄宗对张亚子举行隆重祭祀，追封"左丞相"。

881年，唐僖宗避黄巢之乱到蜀地，经过七曲山，也亲自祭祀梓潼神，追封张亚子为济顺王，并将自己的尚方剑解下来赠庙。由于唐代天子的推崇，张亚子的影响迅速扩大，逐渐由地方神演变为全国性通祀的大神。

当时，全国各地参加科举考试的学子，都会祭祀自己家乡的神灵，以祈求自己的考试顺利。北宋时期，梓潼神转化为保佑四川地区学子，考试顺利的人格神祇。

在当时，传说梓潼神独具慧眼，能在万千人中分辨出哪一位将来会做宰相，而他暗示的方式就是以风雨相送。

北宋时期蔡涤所著《铁围山丛谈》中，记载了这样一个故事，说

宋代大文豪王安石，在幼年时陪同父亲出门远游。在途经梓潼文昌庙时，突然间风雨大作。父子俩人赶忙进庙躲避，但这风雨却让此时在庙中的一位书生非常兴奋。

这位书生非常高兴，进而有些自负轻狂，结果在考场上连遭败绩，名落孙山，没有被朝廷录取。失意的书生再次来到梓潼文昌庙，并向当地守庙人抱怨，说风雨送贵人的说法根本就不灵验，守庙人也是迷惑不解。

直至若干年后，王安石高中状元，后来又一直做到宰相，梓潼的人们才恍然大悟，风雨送贵人的说法果然灵验。只不过这贵人不是那位倒霉的书生，而是当时才7岁的少年王安石。

在宋代文人的笔记和民间故事中，类似的故事不胜枚举。其实，梓潼神张亚子之所以被读书人奉若神明，是因为梓潼所处独特的地理位置。

　　这里是古代巴蜀通往中原的必经之路，读书人进京赶考，必会路经这座文昌庙。焚香礼拜，许下心愿，稍事休息，然后继续赶路。久而久之，香火渐渐旺盛。因此，好事之人便穿凿附会，求神应验的故事也就应运而生了。

　　南宋时期，梓潼神因为灵验而取代了其他地方科举之神，成为古代学子共同的保佑科举顺利的神祇。由于信仰的传布，使得原本的梓潼神信仰，与传统观念中掌管文学的文昌星相混合，而梓潼神被称为"文昌神"、"文昌帝君"或"文昌梓潼帝君"。

　　1316年，元仁宗孛儿只斤·爱育黎拔力八达正式诏封张亚子为辅元开化文昌司禄宏仁帝君，并钦定为忠国、孝家、益民、正直之神。至此，梓潼神与文昌星遂合二为一，与文昌星信仰完全合并，称"文昌帝君"。《明史》记载：

梓潼帝君，姓张，名亚子，居蜀七曲山，仕晋战殁，人为立庙祀之。

讲的其实是张育，不过民间都信张育是张亚子的化身，并无对信仰造成妨碍。《文昌帝君阴骘文》称，文昌帝君曾17次化身人间，世为士大夫，为官清廉，从未酷民，同秋霜白日之高洁不可侵：

济人之难，救人之急，悯人之孤，容人之过，广行阴骘，上格苍穹。

因此，天帝命文昌帝君掌天曹桂籍文昌之事。凡人间之乡举里选，服色禄秩，封赠奏予等，都归文昌帝君管理。

随着科举制度的规模化和制度化，对于文昌帝君的奉祀也逐渐普遍。各地都建有文昌宫、文昌阁或文昌祠。以四川梓潼县七曲山的文昌宫规模最大。一些乡间书院和私塾，也都供奉文昌神像或神位，其间虽时有兴废，但因文章司命，贵贱所系，所以一直奉祀不衰。

旧时，每年二月初三为文昌帝君神诞之日，官府和当地文人学士都要到供奉文昌帝君的庙宇奉

祀，或吟诗作文，举行文昌会，相沿成俗。

文昌帝君除有起义战死、忠君救民之功绩外，在《梓潼帝君化书》记：

生及冠，母病疽重，乃为吮之，并于中夜自割股肉烹而供，母病遂痊。

因此，文昌帝君也是慈祥孝亲的楷模。后值瘟疫流行，文昌帝君得到"神授以《大洞仙经》并法箓，谓可治邪祛瘟，行之果验。"

另外，四川地区相传文昌帝君在梓潼七曲山祖庙隐修时，遇见五瘟神欲来散行瘟疫，为了保护当地的人们，于是他化身为瘟祖大神，面貌威武果敢，一手持宝剑，另一手变为鹰爪，因而降伏五瘟神。

春祭是祭祀文昌帝君的重大祭典，相传每年二月初三，是文昌的生日，是为祀典，是按朝廷颁布的礼神制度举行的，其规格与祭孔子大致一样。

秋祭是清代乾隆年间才兴起的，在每年八月初一举行，仪式大致与春祭相同，增加秋季无非是使文昌祭祀活动更为圆满，内容更为丰富，参与人员更为广泛，祭典的影响更为扩大。春秋祭典是文昌祭祀活动的主要仪式，主祭地点在七曲山大庙文昌正殿大厅举行，分祭前准备和祭典两个部分。

知识点滴

禄神独特的传奇演变

明清时期，文昌帝君已是天下读书人最敬重的功名考试神，他的声望直追万世师表的孔圣人。要他屈尊在天官福星手下，的确有失体统。为了避免这尴尬的场面，另一种身份的禄星粉墨登场，这就是员外郎禄星。

隋文帝开皇年间，于尚书省各司置员外郎一人，为各司之次官。唐宋时期沿置，与郎中通称"郎官"，皆为朝廷官吏中的要职。明清时期各部仍沿此制，以郎中、员外郎、主事为三级司官，得以递升。员外郎简称"外郎"或"员外"，通称"副郎"。清代除六部外，其他官署如理藩院、太仆寺、内务府均设员外郎。

即便禄星成为员外郎，还是不能解决角色重复的问题。因为在戏剧舞台上，员外的服装和普通朝廷官员的日常便装难以区分。而且员外身份的财富意味，也并非独一无二。福星的尊贵其实已包含富贵的含义，禄星的员外角色处境尴尬。因此，禄星又开始担当一个全新的角色，即送子的神仙。

在明代初年的戏剧唱本中，就开始出现"禄星抱子下凡尘"的唱词。但这送子的职能，却有些来历不明。在流传的民间故事里，禄星被称为"送子张仙"。据《历代神仙通鉴》记载，这位张仙是五代时期一位道士，名为张远霄，在巴蜀道教名山青城山修道成仙。

张远霄有一门绝技最堪称道，那就是擅长弹弓射击，百发百中。而射击的目标正是那些作乱人间的妖魔鬼怪。五代至北宋时期，张仙在巴蜀地区已经小有名气。

那么，这位张道士是怎样成为送子张仙的呢？据说，宋代开国皇帝赵匡胤举兵伐蜀大获全胜。后蜀皇帝孟昶沦为阶下囚，被俘虏押送到北宋时期首都汴梁。陪伴孟昶的还有他心爱的妃子，即绝世美貌的花蕊夫人。

孟昶与花蕊夫人被赵匡胤软禁以后，两人厮守深宫，相依为命。不料，赵匡胤却偏偏倾心于花蕊夫人的美貌，孟昶的厄运于是就降临了。

在一次郊外狩猎中，孟昶意外地被弓箭误伤，不治身亡。噩耗传来，花蕊夫人伤心欲碎。赵匡胤怕她寻短见，赶忙接到后宫，派人日夜看护，希望花蕊夫人回心转意，倾情自己。但是花蕊夫人仍然不能忘记爱夫孟昶，暗自请画家绘制孟昶的画像，以表寄托思念之情。

为了防止被人识出，花蕊夫人还特意请画家给孟昶改换一身武官装扮，弯弓射箭的样子。然而，画像之人的英俊相貌，还是引起了赵匡胤的怀疑。

一次，花蕊夫人独自面对画像默默流泪，被赵匡胤看到，于是盘问画中人的名字身份。花蕊夫人灵机一动，谎称这就是蜀中著名的神仙张仙，供奉他可以保佑早生贵子。

这件事后来在宫中流传开来，于是张道士被褪去道袍，换上一身戎装，并拥有了孟昶英俊潇洒的美男子扮相，从此以送子的张仙闻名于世。

北宋文人笔记中，还记载了另一则张仙送子的应验故事，而且张仙送的还是北宋时期的一代文豪苏东坡和他的弟弟苏辙。苏东坡和苏辙俩兄弟参加同一年科举考试，在同一个考场上兄弟俩双双高中进士，一时轰动朝野。

早在两兄弟出生以前，有一次其父

苏洵梦见张仙弯弓向天射击连发两弹。苏洵不解其意，赶忙恭敬询问，张仙也不作答，隐身而去。

直至两兄弟双双高中，苏洵才恍然大悟。原来张仙早就托梦许诺，日后必然双双得中。苏洵为此还写过一首名为《张仙赞》的长诗以表谢意。但苏洵仍未道出张仙演变为禄星的真正原因。其实答案就隐藏在年画之中。

在一幅清代的年画中，张仙被一群小娃娃簇拥到了中央，他弯弓向天，目标竟是云间的一只黑犬，名为"天狗"，它是古代一个星宿的名称。

在古代神话中，天狗和人间的家犬一样也是专职看家护院。但天狗比家犬管得更宽，它是天帝忠实的看门狗，监视星官们的行动是他的职责。

但这却招致了人们的愤怒。因为，在古代民俗观念中，所有金榜题名的大人物都是天上的星官下凡托生来的。而这只天狗把守天门，阻挡星官下界投胎之路，分明是与天下望子成龙的父母作对。

于是，古代星相家们又相应地将天上星宿作一番重新调整。在天狗前方特意安置一张弓箭，名为弧矢星。弓满似月，箭在弦上，正对天狗的头部。但这似乎不太奏效，因为人们发现孩子们小时候都聪明伶俐，可长大以后却往往不喜好读书，中状元的只是极少数人。

人们于是怀疑弧矢星没有看住天狗，他又下界来破坏孩子们的锦绣前程。因此，这位神射手张神仙的出现，可以说是恰逢其时。他既能保佑天上星官顺利托生平民百姓之家，又能保佑孩子将来高中状元的锦绣前程。

于是，张仙成为人们爱戴的送子神仙，随后加入三星阵容。以其独一无二的送子职能，取代原来的员外郎，担当起新一任禄星神职。

禄星，从一颗普通星辰，下凡人间，演变为读书人顶礼膜拜的科举考试神，又融合了张道士和后蜀皇帝孟昶的神话故事，摇身一变，就成为了送子的张仙。

禄星的传奇演变经历，独具魅力。最终使他成为福禄寿三星中，不可或缺的一颗灿烂的明星。

知识点滴

在我国的传统的民俗吉祥年画中，禄神的形象，往往采取以谐音"鹿"来替代禄神。鹿四肢细长，身上有漂亮、斑斓的花纹，其形象可爱。神话中的天鹿，是瑶光散开而生成的，其身上有五彩光辉，以兆祥瑞。

在单独的禄神年画中，则是一个身穿大红官服，头戴高冠，意为"官"的官员，骑在一头梅花鹿上，寓意直指"进禄"。另外，也有禄神年画怀抱一个婴儿，意寓：送子男神、望子成龙等。

道教中主宰文运的魁星

相传在古代有一个秀才，名字已不可考，姑且就叫他魁星。此人聪慧过人，才高八斗，过目成诵，出口成章。可就是长相奇丑无比，所以屡屡面试时，都会落第。

据说，魁星本来就长得十分丑陋，而且又长了满脸的麻子，一只脚还瘸了，走起路来一拐一拐的。但是，他写的文章真是太好了，终于被乡试、会试步步录取，一次次高中榜首。到了殿试时，皇帝亲自面试他的文才，一

看他的容貌和画着圈上殿的走路姿势，心中就感到有些不悦。

皇帝问道："你那脸是怎么搞的？"

魁星回答说："回圣上，这是'麻面映天象，捧摘星斗'。"

皇帝一听这话，觉得这人怪有趣，又问："那么你的瘸腿呢？"

魁星又回答："回圣上，这是一脚跳龙门，独占鳌头。"

皇帝很高兴魁星的机敏，又问："那朕问你一个问题，你要如实回答。你说，如今天下谁的文章写得最好？"

魁星想了想说："天下文章属吾县，吾县文章属吾乡，吾乡文章属舍弟，舍弟请我改文章。"

皇帝大喜，阅读完他的文章后，更是拍案叫绝，禁不住说道："不愧天下第一！"于是钦点魁星为状元。

这个丑文人的才学、智慧和发奋，使他后来升天成为魁星，即北斗七星的前4颗，主管功名禄位。魁字拆开来，一半是鬼，魁星的面目丑陋，一半是斗，魁星才高八斗，也北斗星座。

据说从此开始，皇宫正殿台阶正中的石板上雕有龙和鳌图案，一只魁斗放在旁边。殿试完毕发榜时，应试者都聚到皇宫门前，进士们站在台阶下迎榜，状元则一手持魁斗，一脚站在鳌头上亮相，表示一举夺魁，独占鳌头。

魁星，是我国神话中主宰文章兴衰的神。魁星原为古代天文学中"二十八宿"之一的奎星的俗称，指北斗七星的前4

星，即天枢、天璇、天玑、天权。此3星除合称"魁星"外，也被并称为"斗魁"。后道教尊其为主宰文运的神，作为文昌帝君的侍神。

魁星信仰盛行于宋代，从此经久不衰，成为封建社会读书人于文昌帝君之外，崇信最甚的神。七月初七为魁星诞辰。在科举考试中，取得高第即称"魁"，就是出于魁与奎的同音，并有首之意的缘故。

由于魁星掌主文运，所以与文昌神一样，深受读书人的崇拜。过去，几乎每个城镇都有魁星楼、魁星阁。因魁又有"鬼"抢"斗"之意，故魁星又被形象化为一副张牙舞爪的形象。

在我国民间，一直都盛行着拜魁星的习俗。民间称魁星主文事。闽东一带的读书人崇敬魁星，仅次于孔子，于七夕有拜魁星之俗。

拜魁星仪式在月光下举行，所以在闽东村庄的居民，若是一家人丁旺盛，七夕这晚，天井里往往摆上拜织女、拜魁星香案。仕女聚会一堂，又被分为两个面面相对，不同性别的小天地，非常热闹有趣。

拜魁星事先要糊一个纸人，即魁星，蓝面环眼，锦袍皂靴，左手斜挎飘胸红毹，右手执朱笔置案上。祭品隆重，不可缺的是羊头，要公羊，留须带角，煮熟，两角束红纸，置盘中，摆在魁星像前。

参加拜魁星的人，于烛月交辉中进行，鸣炮焚香礼拜罢，就在香案前围桌会餐。席间必玩一种取功名的游戏助兴，以桂圆、榛子、花生干果，代表状元、榜眼、探花三鼎甲，以一人手握上述果干各一枚，往桌上投，随它自行滚动。

某种果干滚到某人跟前停止下来，那么某人即状元、榜眼或探花。如投下的干果各方向都滚偏，则大家都没有功名，要重新再投，称"复考"。都投中，称"三及第"。

其中两枚方位不正，比如桂圆、榛子都不中，只花生到某人跟前，而某人即中探花。这样投一次，饮酒一巡，称"一科"。

这样吃吃玩玩，一直玩至大家都有功名为止。散场时鸣炮烧纸锭，魁星像也和纸锭一起焚烧，拜祭活动就此结束。

在我国的很多地方都建有魁星楼或魁星阁，其正殿塑着魁星造像，实际就是钟馗。没见过魁星像的人也许会想，既然魁星是主管功名科举的，一定是一位文质彬彬的白面书生吧？

其实恰恰相反，魁星面目狰狞，金身青面，赤发环眼，头上还有两只角，整个仿佛是鬼的造型。这魁星右手握一管大毛笔，称"朱笔"，意为用笔点定中式人的姓名，左手持一只墨斗，右脚金鸡独立，脚下踩着海中的一条大鳌鱼的头部，意为"独占鳌头"，左脚摆出扬起后踢的样子以求在造型上呼应"魁"字右下的一笔大弯勾，脚上是北斗七星，见图如见字。

禄神盛行带来的民俗

　　随着祭祀禄神的普遍化，其民俗化也越来越凸显了出来，更多地体现在新年贴禄神年画的习俗中。禄神年画有两种。一种禄神年画绘文昌帝君，即梓潼神。无非是着官帽官袍之类的形象。

　　有趣的是，在文昌帝君两侧，常绘两位童子像，俗称"天聋""地哑"，为一聋一哑的侍童。为什么要在禄神旁绘聋哑人作为侍童呢？

　　传说，科举考试的试题是由梓潼神议定的，所以梓潼神决定着士人的命运。安排聋哑人为侍童，是要保证试题得以保密。

另一种禄神民俗年画，则采用谐音借代的方法，用鹿来代替禄神，其吉祥色彩则更为浓厚。鹿本来就是一种可爱的动物，身上有奇妙的斑纹，头上有美丽的枝角，作为吉祥物由来已久。

鹿最早被认为是一种仁兽，传说当君王施行仁政、天下太平之时，就会有光生成的散发着五色光辉的鹿出现，这种鹿称为"天鹿"，包含天降吉祥的意思。还有一种世所罕见的白鹿，则是长寿的象征。传说白鹿能活到千岁以上，白鹿是由普通鹿变化而来的，500岁的时候，鹿便开始变白。

科举考试产生后，鹿逐渐具有功名利禄的象征意义，成为禄神的象征。科举制度消亡后，鹿仍以其活泼美丽的形象受到人们的喜爱，仍然是人们心目中能带来富贵的瑞兽。

在禄神民俗年画中，鹿有时是着官袍禄神的坐骑，或是一官人模样的人所抚摸的对象，以突出"进禄"及官运通达的主题；有时，鹿与福神、寿神同出一画中，鹿象征利禄，代表禄神。

主管功名利禄的神灵，除了禄星及由其演变而成的文昌帝君梓潼神而外，还有魁星及魁星人神。魁星的影响远没有文昌星君那么大，但也有一定的名声。

魁星本是北斗星斗部四星的总称。魁为第一的意思，士人科试都想得第一，

因而崇拜魁星，以魁星为赐科试第一名的神灵，同时，也以魁星为主管考试的星官。士人拜祭魁星，都含有祈望高中的意思。但科举考试不可能人人都考第一，故而魁星的适用范围没有文昌星君那么大，影响也就小得多。

魁星的形象是据魁字字形想象出来的。一个如鬼的神灵用脚踢一只斗、或抱一只斗，就是画中常出现的魁星形象。另外还有一种魁星图则画一鬼立于鳌头之上，举足起斗，反顾以笔点之，称为"魁星点斗，独占鳌头"。

魁星为北斗星之斗部四星，四星附近的六星为文昌宫，故有魁星点斗的说法。官禄世袭一直为士人向往，"太师少师""五子登科""带子上朝""苍龙教子""辈辈封侯"等图案，以不同的祈禄内涵满足人们的入仕心愿。

在古代，官职级别直接影响经济收入与社会地位，因此升迁、位高权重，成为官吏们难以割舍的仕途情结。三国曹魏时期颁布的九品官人法，把官职、门第均分为九品。

"当朝一品""连升三级""马上封侯""指日高升"等祈禄图案，准确地表达了士人盼升迁、求高位的心迹，因而广为流传、久盛不衰。而文人总是将读书与入仕的憧憬联在一起。对于读书的功利本质，孔子曾有精辟诠释："学也，禄在其中。"圣贤的言论一直是学子们的祈禄箴言。

"书中自有万钟粟，书中自有颜如玉，书中自有黄金屋"的说法，以更加直白的语言描绘读书的功利效应。科举是封建文人入仕的必由之路，科举制始于唐代中期。金榜题名意味着吃皇粮、享俸禄，地位显赫，光宗耀祖，过荣华富贵的生活，因此读书人梦寐以求。宋代已有"鲤鱼跃龙门"的民间传说，至明清时期，寓意功名利禄的吉祥图像盛行一时。

在众多祈禄图像中，由于"鹿"与"禄"谐音，鹿纹成为"禄"文化的经典符号，常用于书斋、文具装饰等，取读书祈禄之意。

平升三级也是古代祈禄的图案，是说一个人官运亨通，连升三级。一般是以一花瓶内插3支短戟，以谐音"瓶升三戟"。还有另外一种画法，就是画一花瓶，另画一芦笙在旁的。这一吉祥图案借用谐音

组成。"瓶"与"平"、"戟"与"级"同音，以此寓意。

明清时期，"状元及第"象征功名和高官厚禄。纹饰主要以3个孩童组成，中间大孩高举冠盔，表示得中状元，旁二孩手持如意、喜报以示庆贺。

冠，帽子也，冠与"官"同音。童子戴冠，长辈期望孩子长大有出息，科举成功，高中状元。骑龙，如同鲤鱼跳龙门而成龙一般，出人头地也。

"状元及第"即考中且高居榜首。一年一度廷试，万中取一，自是了不起的大事，故有"天上麒麟子，人间状元郎"之誉。

旧时科举考试以名列第一为元。乡试第一为解元，会试第一为会元，殿试第一为状元。及第，科举考试列榜有甲乙次第，凡考中状元，都称状元及第。"状元"制度于唐代。

"三元及第"为"解元"、"会元"、"状元"连考连中之谓。"金榜题名时"，为旧时儒生所求。一旦"状元及第"，"骑马游街三日"，好不威风。民间对此，并非人皆幻想。然红袍白马倒也喜气洋洋，故以"状元骑马"祝吉。

"当朝一品"是古代的寓意纹样。一品，为封建王朝官员之最高等级，鹤性清高，常用作一品官补子的图案，故用鹤以表一品。画面绘有仙鹤立于岩石之上，鹤为羽族之长，被称为"一品鸟"在我国传

统的鸟文化中，鹤是"一人之下，万人之上"的，地位仅次于"凤"，借喻人臣之极。

"潮"与"朝"谐音，仙鹤当潮水而立于岩石，寓意"一品当朝"表示官位极高，主持朝政。也有的画一着袍服官吏，手持一长条锦帛，上书"当朝一品"4字。

马上封侯由猴子、骏马组图。"猴"与"侯"同音双关。猴子骑于马上，"马上"为立刻之意。侯为古代分五等贵族爵位的第二等级，这里泛指达官权贵。此图寓意功名指日可待。

所谓"独占鳌头"，就是考试的第一名的意思。还有的祥瑞图案是采用会意文字的形式，画面上有一蓝面的小鬼，一手捧墨，一手执笔，单足站立在鳌头之上。连鬼带斗，就是一个草体的"魁"字。

"独占鳌头"是有典故的：唐宋时期，考中的进士要站在台阶下迎榜，在皇宫大殿台阶正中石板上雕有龙与鳌，为首的状元则荣幸地站在鳌的脑袋上，故称"独占鳌头"。

知识点滴

寿

我国的寿字艺术，源远流长。而寿星，则一般特指天上主掌人寿的天神。传说经常供奉这位天神，可以使人健康长寿。寿星起源于古代星辰崇拜，即南极老人星。道教将其人格化，并被赋予神性，取名为"南极仙翁""南极真君"。著名的寿星还有王母娘娘、麻姑等。

寿是我国五福中的核心内容，寿即长命，活得长久。寿与福相辅相成，长寿就是大福分。民间常见"福寿双全""五福捧寿"等祈寿装饰题材，可见寿是能与福相提并论的吉瑞字符。

寿比南山及麻姑祝寿

相传那是在很久以前，有一年琼州地区突然间天昏地黑，电闪雷鸣，倾盆大雨直下了七天七夜。第八天，只听"轰隆"一声巨响，天崩地裂，琼州脱离了大陆，成了一个独立的岛屿。

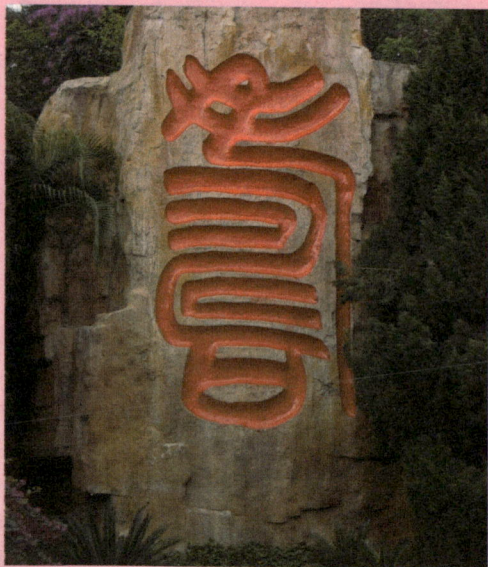

琼州岛上的生灵死的死，伤的伤。所有河流都改了道，所有的山脉都变了形，有的河流和山脉因此也就消失了。奇怪的是，只有南山安然无恙，一棵草一棵树也没有被损坏，住在南山上的人一个也没有受伤，更没有死亡的。传说经历这次天崩地裂的南山人，都活了几百岁，最后成仙。

　　748年，鉴真师徒等35人从扬州出发，第五次渡海时遇到飓风，漂流万里到振州宁远河口，已经一点力气也没了。南山上的人们发现了，把他们救了起来。他们一着南山的地，就立即睁开了眼，精神也来了。他们在振州居住了一年多，修造大云寺，传播佛教文化。

　　这些事一传十，十传百，因此人们都把南山叫做"仙山"。上南山来玩和居住的人也越来越多了。传说到过南山的人有病去病，无病健身，个个长寿。

　　因为南山在天崩地裂中完好无损。由于到过南山的人都长命百岁，所以人们常用寿比南山来祝福他人长寿。"寿比南山"这句话也就一直沿用了下来。

　　寿星是由星辰转化而来，指"二十八宿"中的角、亢两星。《尔雅·释天》写道："寿星，角亢也。"寿星在天文学里的名字是船底座α星，位于南半天球南纬50度左右，在我国北方地区很难看到。

　　东汉时期以后，祭祀寿星被历代皇朝列入国家祀典，至明代被废。寿星的职掌，最初为国运之长久，即国之寿，后来被奉作"主世

间寿考"之神。

在我国的传统观念中，麻姑是一位寿诞千年的女寿星。在女性长者寿诞之际，家中的寿堂上往往会张挂一幅美丽吉祥的"麻姑献寿"图。图中的麻姑手中托着贡盘，内装自己酿造的灵芝酒，以及金樽、酒壶和仙桃等，而麻姑呢，她正笑容可掬地凝望着你。

古代神话传说中的麻姑，是一位相貌出众、聪慧伶俐的女神仙。相传她18岁的时候，便有很深的道术，经她之手扔出的米粒，可以立时变为金珠。

关于麻姑的来历，历史上有许多不同的传说。有的认为她是后赵石勒时悍将麻秋之女：

> 为人猛悍，筑城严酷，昼夜不止，唯至鸡鸣少息，麻姑心怀恤民之念，常假作鸡鸣，群鸡变鸣，工得早止。后父觉疑，欲挞之，姑惧而逃，入仙洞修道。

有的人说她是晋代仙家王方平的妹妹，也有人说她是唐代解放出宫的美女。在民间还有传说说麻姑乃是秦始皇的女儿，面麻而心善。

修筑长城的时候，秦皇叫她传圣旨让民工"三天吃一顿饭"，她则传为"一天吃三顿饭"，并谴责秦始皇暴政，因此被杀。她被杀的7

月15日，河北唐山地区将其作为"麻姑节"，百姓年年祭祀。

麻姑在大多数图画中，都被描绘成一位年轻美貌的女子，可是，据晋代葛洪《神仙传》记载，麻姑曾与仙人王方平"不相见忽已500年"，可见麻姑的寿命至少已有数千年之久。

据《神仙传》记载，麻姑是建昌人。在南城县西南5000米处，有一座麻姑山，山势雄伟，高4500米，主要山峰都以长寿等吉祥语命名，如万寿峰、五老峰、秦人峰等。相传这里是麻姑得道之处。

她和东汉时期仙人王方平曾在此相会，山上有"会仙亭"，传为麻姑与王方平相会之地。山上还有"麻姑仙坊"，唐代有庙祭祀，道教称"第二十八洞天"。

771年，颜真卿做抚州刺史时，曾照《神仙传》的记载，作《麻姑仙坊记》，有大字、小字共两本，现真迹无存。麻姑山中多特产，其名与麻姑有关，取长寿吉祥之义。如麻姑酒、麻姑米等，均享盛名。

知识点滴

相传先秦时，有一次周文王寿诞之日，他的臣子命厨师特意制作了一枚大寿桃。将此桃剖开，里面露出精美的99个小桃，这当然是暗寓文王子孙满堂、多寿多福的意思。

后来，这种百子寿桃便经常被大臣们作为贺礼，在皇帝寿诞之日奉献给皇帝。

寿星大脑门和手杖演变

　　我国历史悠久，在茫茫的历史中，不乏种种传说，在民间，关于寿星还有一种说法，认为寿星是老人星，也是南极老人星。在西汉司马迁所著的《史记·封禅书》中写道：

　　　　寿星，盖南极老人星也，见则天下理安，故祠之以祈福寿也。

　　可见汉代时已认为寿星就是南极老人星，而天空中只要出现寿星，天下便平稳安定，所以当时人们祭拜它，以祈祷福寿。唐代时将角、亢与南极老人星都当做寿星，并设坛合祭，从此两种寿星崇拜遂合而为一。

　　寿星的人神化与祭祀风俗有关。东汉时

期每到仲秋之月都要举行敬老与祭祀寿星的活动。《后汉书·礼仪志》中记载：

> 仲秋之月，年始七十者，授之以王杖，哺之以糜粥。八十、九十，礼有加赐。王杖者九尺，端以鸠为饰，鸠者，不噎之鸟也，欲老人不噎。是月也，祀老人星于国都南郊老人庙。

王杖即鸠形手杖。传说鸠是一种胃口常开的"不噎之鸟"。老人使用鸠杖，寓有进餐可防噎的意思。

由于祭祀寿星与敬老活动相结合，寿星遂定格为一拄长杖的老人形象。南宋时期的寿星像是"扶杖立"，"杖过于人之首，且诘曲有奇相"。明代，寿星长头短身的形象逐渐突出，所描绘的寿星形象是：

> 手捧灵芝飞蔼绣，长头大耳短身躯。

由于道教养生观念的融入，也使寿星形象发生相应的改变。最突出要数他硕大无朋的脑门。这是山西永乐宫壁画，可能是存世最古老的寿星形象。在永乐宫中的神仙中，一眼就能将他认出，就是因为他那超级的大脑门儿。

关于大脑门的来历，有人认为大脑门来自返老还童现象，老人和小孩有诸多体貌特征上的相似。比如初生婴儿头发稀少，老年人也是

一样。而头发少自然额头就显得很大。

寿星的大脑门，也与古代养生术所营造的长寿意象紧密相关。比如丹顶鹤头部高高隆起。再如寿桃是王母娘娘的蟠桃会上特供长寿果，食用后立刻成仙长生不老。或许就是因为这种种长寿意象融合叠加，最终造就了寿星的大脑门。

我们都知道，在寿星的手中有一柄手杖。《汉书·礼仪志》记载，汉明帝在位期间，曾主持一次祭祀寿星仪式，还安排了一次特殊的宴会，与会者是清一色的古稀老人，普天之下只要年满70岁，无论贵族还是平民都有资格成为汉明帝的座上客。盛宴之后，皇帝还赠送酒肉谷米和一柄做工精美的手杖。

汉明帝还赋予老年人特权，宴会上颁发的王杖就是证明。王杖也称"鸠杖"，因手杖的顶端为斑鸠鸟的雕像得名。

但是魏晋时期，寿星的手杖产生了变化，斑鸠的王杖换成了桃木手杖，其政治教化功能逐渐被削弱。原来象征特权的雕有斑鸠的王杖，换成一柄桃木的手杖。据说桃木能祛病强身，延年益寿。

民间传说在大地的东北方是恶鬼居住的地方，有一道大门，称"万鬼之门"，将恶鬼拒之门外。据说这道大门就是天帝用桃木做的。为了保险起见，在门前还栽种两棵桃树来镇鬼驱邪。

有趣的是后来人们通过研究发现，桃树的汁液的确含有某种抑制细菌生长的特殊成分。在过去中药里桃树枝也是一味药，并且人们相信朝向东北，也就是朝向鬼门方向的桃枝药力最佳。过去象征特权的王杖，成了寿星手中祛病强身的长寿吉祥物。

年画《寿星图》是民间喜爱的吉祥物，图上那位慈眉善目的寿星老人满足了人们对健康长寿的美好祈望，人们看到他便心旷神怡，从中得到一种心理的满足和精神的安慰。

在《寿星图》的四周还点缀有松、鹤、龟、桃、灵芝、葫芦等表示长寿吉祥的动植物，这就更增添了吉祥的气氛，突出了长寿的主题。还有些年画将寿星与福、禄二星画在一起，表现出既求长寿，又求官运、福运的意思，被称为"福禄寿图"。

在民间传说中，寿星的形象变得更具有喜庆色彩，深受百姓喜爱，其形象为一位白发老翁：白须飘逸，长眉间透着慈祥，手持龙头拐杖，最突出的是那长而大的光秃秃的脑门，民间称为"寿星头"。

关于寿星的特号大脑门，还有一则传说：寿星母亲怀上寿星9年，尚不能分娩。母亲十分着急，竟然问腹中的孩子："儿啊，你为什么还不出来？"

寿星在娘胎中说："如果家门口的石狮双眼出血，我就要出生了。"

这话被隔壁的屠夫听到了，就用猪血涂在石狮双眼中，结果寿星就急急忙忙从母亲腋下钻了出来。由于未足年份，寿星的头就变得长而隆起了。

知识点滴

寿字是传统文化的瑰宝

　　我国的寿字艺术，源远流长。汉字实际上是根据"六书"造字规范创造的，寿字也不例外。

　　最初的寿字是以象形的姿态出现在汉字的宝库中。所谓象形字就是源于实物的写意，但寿字没有具体的形态。

　　据说，寿字的象形文字，是从远古的传说中演变而来。伏羲氏时期，根据龙马负书出于河洛而演八卦，创造了龙书，新石器时期的神农氏创造了穗书。在古代神话传说中，有关于神农见嘉禾八穗而作穗书的记载。

黄帝时期，仓颉创造了鸟迹书，尧帝时期的龟书，高阳氏时期的蝌蚪文等，都是取之于实物形态，用于表达寿字的涵义，这应是寿字的雏形。

据考证，寿字的应用是从商代开始的。当时还没有规范的象形文字，人们从甲骨文中，借来一个"畴"字作为寿字，因为畴就是田垄的意思。

当时种庄稼都是随形就势，田垄是弯弯曲曲的很长，它又有长久长生的意思，于是大家便约定俗成，把畴作为寿字的标记，寿字就统一起来了。

后来，人们认为垄是在地里边，人们就给它加了一个田字旁，一边取意，一边取声，所以又带有形声字的意思。因此甲骨文中的寿字，便以"畴"假借，在此基础上变化出现了千变万化的体态。

借用畴字毕竟是一字两意，用起来不便区别，于是又借来一个老字会意。古写的老字，从形体上看，像一个手扶拐杖的老人，从字义上说老人意味着长寿，于是便取老字头，再覆盖在寿字之上，把两者结合到一起，上边形意老，下边形声畴，组成了一个形声字寿。由此可知，寿字的最初本义应为年纪长。

形声寿字，到周代得到了广泛应用。在《诗经·鲁颂》中，有"三寿做朋，如岗如陵"的诗句，对此句中的三寿解释，历来不下10余种说法，但认为指三位长者的占多数。

由此可见，运用寿字的褒意，以示招福纳祥，期盼追求人生高龄长寿，健康如意，已成为中华民族祖祖辈辈约定俗成的社会风尚。老而为寿，寿而为尊，尊而为贵，贵而为福。

东周时期诸侯割据，文字书写纷杂，是文字衍变发展极富创造性的时代。一字数形者不足为怪，以致后来出现了千变万化的寿字形态，造成了使用的极大不便。

后来，秦始皇兼并六国，丞相李斯等人取石籀大篆予以整理改造，遂创秦篆一统天下，其中也统一了寿字的写法。

大篆是西周时期普遍采用的字体，相传为夏朝伯益所创。针对不同的书写媒介，大篆也有金文、籀文之别。

金文，是指铸刻在殷周青铜器上的铭文，也叫钟鼎文。在夏代我国就已进入青铜时代，铜的冶炼和铜器的制造技术十分发达。因为周代以前把铜也叫"金"，所以铜器上的铭文就叫做"金文"或"吉金文字"。又因为这类铜器以钟鼎上的字数最多，所以过去又叫做"钟鼎文"。金文应用的年代，上自商代的早期下至秦灭六国1200多年。

籀文，古汉字一种书体的名称。也叫"籀书"，又称"大篆"。起于西周晚年，春秋战国时期行于秦国。字体与秦篆相近，但字形的构形多重叠。两汉时期，字体虽有隶、篆、草、行各种书体，但笔画形态都以先秦文字为依据，变化不大。

寿字基本上是按照"六书"造字规范顺序演变而成，以形声字居多，也有少数指示和会意。

"寿"字虽不是汉字中出现最早的文字，但它却是我国多变的异形单字，超过了其他任何一个汉字，这是世界上任何一种文字都无法达到的。

可以说，寿字是我国传统文化艺术的瑰宝，更是中华民族独有的文化遗产。

传说汉武帝有一次与大臣们开玩笑说，人的寿命长短与人中有很大关系，谁的寿命长，那么他的人中一定也很长。

此时东方朔便接口说，那么彭祖活了800多岁，他的人中一定很长，他的面孔更是不知有多长了。

此说本是讽刺汉武帝的戏言，但经过长期流传以后，人们却真的以为人中长、面孔长的人寿命就也一定很长。由于"面孔"的"面"与"面条"的面谐音，于是民间便以为吃了面条就会使人长寿。还有一种说法，是因为面条形状绵长不断，"面"与"绵"两音也相谐，容易使人联想到长寿。

知识点滴

表达孝心和亲情的祝寿

汉武帝即位之后，广征四方人士，这时候东方朔上书自荐，被诏拜为郎。后任常侍郎、太中大夫等职。他性格诙谐，言词敏捷，滑稽多智，常常讽刺净谏武帝的过失，因此而被称为忠臣。

可是，这样一位忠臣在民间的传说中还曾偷过西王母的仙桃。

传说，有一次汉武帝寿诞之日，有一只黑鸟降落在殿前，汉武帝问东方朔那是什么鸟？

东方朔说是西王母饲养的青鸾鸟，它的到来，预示着西王母将要下凡来为陛下祝寿。

汉武帝听后，龙颜大悦。

过了一会儿，西王母果然降至，

晋谒武帝之后，还献上盛有7只仙桃的玉盘，托东方朔转呈武帝。可是东方朔只将其中5只献给武帝，自己偷偷留下两只仙桃的玉盘。

武帝不知道，还命令侍臣种植桃核，西王母知道后阻止他说："这桃可不能种在下界，它的枝叶伸展方圆三千里，三千年才开一次花，过三千年结一次果，此桃已是第三次结果，但这小子每次都偷我的仙桃。"

东方朔本来只是一个历史人物，与长寿并不沾边，但因为偷吃了西王母的仙桃，而此桃是3000年才开一次花、3000年结一次果，那么偷吃了3次仙桃，寿命起码也应在18000岁以上了，难怪民间要把他奉为长寿之祖了。

在旧时为老人贺寿之日，人们往往喜欢在寿堂上悬挂东方朔的图画，以此来象征长寿和吉祥。

早在春秋战国时期，我国上层统治集团已经出现了"上酒献寿"的原始形态的祝寿活动。《诗经·豳风·七月》写道：

九月肃霜，十月涤场。朋酒斯飨，日杀羔羊。
跻彼公堂，称彼兕觥，万寿无疆。

文中所用的"万寿无疆"这样的颂语，在祝寿活动中十分常见。

应该说，春秋战国以后的献酒上寿活动，虽然并不一定与特定的生日联系在一起，但由于活动本身具有"为人上寿"的特点，因此仍然可以说是祝寿礼仪的滥觞。

在封建社会，皇帝的寿诞日被称为"圣寿节"。皇帝还为自己的寿辰制定了专门的节日，如唐玄宗寿辰叫"千秋节"，唐武宗寿辰叫"庆阳节"，唐宣宗寿辰叫"寿昌节"，唐昭宗寿辰叫"嘉会节"。

而宋代的宋太祖寿辰叫"长春节"，宋太宗寿辰叫"乾明节"，宋真宗寿辰叫"承天节"，宋仁宗寿辰叫"乾元节"，宋英宗寿辰叫"寿圣节"等。

至明清时期，皇帝的寿诞之日统称为"万寿节"，皇后的寿诞则统称为"千秋节"。

从春秋时代周简王至清乾隆的2300余年间，历朝历代都有皇亲国戚、朝臣名士，以书写寿字祝贺诞辰的例子。如春秋时期左丘明，战国时期毛遂，汉代张衡，三国时期关羽，晋代王羲之，南北朝时期寿阳公主，隋代杨益，唐代武则天，五代时期石敬瑭，宋代苏轼，元代

赵孟，明代李益，清代书麟等。

旧时，彭山县民众给老人祝寿过生日，都会张挂一幅寿星画像。虽然请神下凡往往流于形式，但生日宴会能博得老人高兴，却是实实在在的。家人齐聚，子孙满堂，享受天伦之乐。

至明清时期，给老人过生日的风俗才逐渐兴起。康乾盛世几次规模空前的盛会，使民间祝寿的风俗得以兴盛。历史上最奢华的一次生日宴会，是乾隆皇帝举办的千叟宴。

重视家庭、亲情，敬老爱老，是我国传统道德的重要组成部分，祝寿典礼则是这种美德的外化形式。虽然寿星不再具有威严的神性，却因为民间伦理生活的需求，使得这一敬老之俗代代相传。

古时候布置寿堂，一般正厅墙壁中间，男寿悬挂南极仙翁，女寿悬挂瑶池王母；或悬挂八仙庆寿图、三星图等象征高寿之画轴；或以金纸剪贴大"寿"字挂于礼堂正中，正中设礼桌，礼桌上陈设寿桃、寿糕、寿面、香花、水果等。地上置红色拜垫，以备后辈行礼。

知识点滴

祈寿文化和吉祥图案

公元前219年，秦始皇第二次出巡，大队人马在泰山封禅刻石，又浩浩荡荡前往渤海。抵达海边之后，秦始皇登上芝罘岛，纵情浏览。只见云海之间，山川人物时隐时现，蔚为壮观，令秦始皇心驰神往。

这种景象，本来是海市蜃楼，但方士为了迎合秦始皇企望长生的心理，就将其说成传说中的海上仙境。徐福乘机给秦始皇上书，说海中有蓬莱、方丈、瀛洲3座仙山，有仙人居

住，可以得到长生仙药。

秦始皇大为高兴，为了自己可以长寿不老，曾派方士徐福率童男童女各3000人，东渡入海寻求仙药。可见当时乞求长寿的愿望已经非常普及了。

为了迎合秦始皇嬴政的这种心理，在当时还出现了献酒上寿的活动，虽然说那时候的献酒并不一定与特定的生日联系在一起，但由于活动本身具有"为人上寿"的特点，因此仍然可以说是祝寿礼仪的雏形。

在当时的历史记载中还出现了"万寿无疆""南山之寿"这样的颂句，可见当时人们对于长寿者的祝福就已经很隆重了。

我国民间深受道家思想的影响，一直存在"五福以寿为重"的观念，人们企盼长寿，珍惜生命，注重现世。道家认为，人在一切都在，不是很偏重"来世"。正是基于这样一种现世观，中国人对长寿的追求始终不渝，并把祈寿的观念贯穿于传统文化的各个方面。

传说中的神仙都长生不老，因此求仙增寿成为祈寿文化的重要内容。人们认为天上的南极老人星主国家之寿、寿星主民间之寿，从周代起便有祭祀寿星的隆重活动。

此外，受儒家思想的影响，民间又有"忠义成神，孝悌成仙"之说。对于民间百姓来说，在民俗活动中祈寿似乎更加实际。生日祝寿是最常见的祈寿活动，围绕祝寿的装饰主题极为丰富，如万寿如意、五福捧寿、多福多寿、福寿绵长等。

寿字本身也有许多装饰变化，长字形的叫"长寿"，圆字形的叫"团寿"。也有多字表意的图案，如"百寿图"，就是用100个不同形状的寿字组成。这些寿字还广泛地应用于日常家具、建筑、器皿上，反映了中国人用寿字符护佑自身，追求健康长寿的美好愿望。

鹤被视为羽族之长，民间称之为"一品鸟"，仅在凤凰之下。传说鹤寿量无限，被视为"长寿之王"。龟因其长寿也被人们视为长寿象征。松树终年常青，是斗严寒抗风霜，生命力极强的植物，其树龄很长，可达数千年，民间也常用松树代表长寿。

这一类常见吉祥物常搭配在一起表示长寿。松鹤在一起叫"松鹤长寿"、"鹤寿松龄""松鹤延年""松鹤遐龄"。鹤与龟画在一起，叫"龟龄鹤寿""龟鹤齐龄""龟鹤延年"。如果画众仙仰望寿星跨鹤，叫"群仙献寿"，画鹤、鹿、梧桐叫"六合同春"，而鹤立岩石边叫"一品当朝"。

我们常在寿星图或有关长寿的图案中见到上述3种动、植物。只要有它们，就代表长寿。《五瑞图》是象征长寿的一种图，古人常画来祝寿祈福求平安。这五瑞指椿树、萱草、芝兰、磐石和竹。

椿树代表高寿，《庄子》中记载上古有大椿，以人千岁为春，以8000岁为秋。后来人们把椿树看做长寿象征。萱草又叫"忘忧草"。据说能使人忘忧。芝兰是一种种于庭阶的家养植物，比喻子孙是养于家中而不是野生。

磐石是又扁又厚的大石头，放在地上屹然不动。古人诗中有"君当为磐石，妾当为蒲苇；蒲苇韧如此，磐石无转移"的诗句。后人们就用磐石表示稳固。又因磐石坚实、长久不坏，有"寿石"雅号，也被人们视为长寿象征。

如果家里挂上一幅《五瑞图》，象征着这家长寿无忧，子孙昌隆，家基稳固，百事平安。因此，民间把《五瑞图》作为自己的家庭吉祥物，以此使家庭得到庇护。

寿本来是一个极为普通的汉字，但由于人们长寿的观念使它远远地超越了一般的汉字，不仅字意延伸丰富，而且字体变化多端，在寿

的文字图像上人们也大做文章而把它图案化、艺术化了，变成了一种长寿吉祥物。据统计，寿字有300多种图形，包括单字表意的图案，如《百寿图》《双面寿图》《五福捧寿》等。

上了年纪的人常穿有寿字的衣服，枕绣有寿字的枕头，盖的是织有寿字的被，旧时农村的炕围画中也常绘寿字，房子的椽头图也有寿字等。所有这些都反映了中华民族追求健康长寿，希望用"寿"这一吉祥护符来保佑自己的美好愿望。

在我国的传统观念中，古人认为人在一切在，因而追求生命的长久，在寿字上做文章是很自然的。许多事物也被冠以寿字，如菊称为"寿菊"，桃称为"寿桃"，祝寿的酒被称为"寿酒"。还有专门用来祝寿的文字，如万古长青的松柏，寿有千年的龟鹤等。

知识点滴

自古鹤都是公认的寿仙，长寿的象征，故有"仙鹤"的称呼，仙鹤也是道教神仙人物的坐骥。鹤，性情雅致，形态美丽，被称为"一品鸟"。除此之外，在我国传统文化中它跟仙、道、人的精神品格有着密切的关系。

鹤，雌雄相随，步行规矩，情笃而不淫，具有很高的德性，故古人多用翩翩然有君子之风的白鹤，比喻具有高尚品德的贤达之士，把修身洁行而有时誉的人称为"鹤鸣之士"。

绚丽多彩的寿文化

我国书画中的寿文化绚烂多彩，在历代碑刻、钟鼎、汉砖、帛书、竹简、典籍、器物、书画中，均有大量的寿字。

汉代《礼器碑》之寿，被誉为东汉时期绝品。它源于东汉时期田儒书写的《镂寿碑》，字体洞势严悦，用笔轻重自如，收放潇洒，令

人赏心悦目。晋代王羲之的《兴福寺断碑》中的寿字，如龙跳天门，堪称书法之精品。

此外，广西梧州冰井寺吕仙纯阳之寿，字体方正，圆润古朴，刚阳而不乏秀美。冰井寺的"寿"字碑为陈抟所作。碑上有一大"寿"字，落款为"陈抟书"。"寿"字一气呵成，笔势遒劲。碑长1.8米，宽0.85米，厚0.13米。

"寿"字碑置于冰井寺。冰井寺始建于唐代，是当时梧州最宏伟的建筑。寺院内种有许多奇花异草，还有两座古钟和两个鼓。1897年，梧州被辟为对外通商口岸后，英国海关税务司就曾将冰井寺的一角作为官邸。"寿"字碑置放在主神位附近。

宋代范成大《停云馆法帖》之寿，笔锋隽秀遒劲，有一泻千里之气势。出自一代女皇武则天的《升仙太子碑》寿字手迹，结构严谨，章法舒朗。不同朝代，不同字迹，不同形式的寿字书迹，构成了历代书法奇观。

在古今书画作品中，不仅留下了原始形态的"上酒献寿"习俗的资料，而且留下了历代知名画家，根据历史传说创作的大量有关寿文

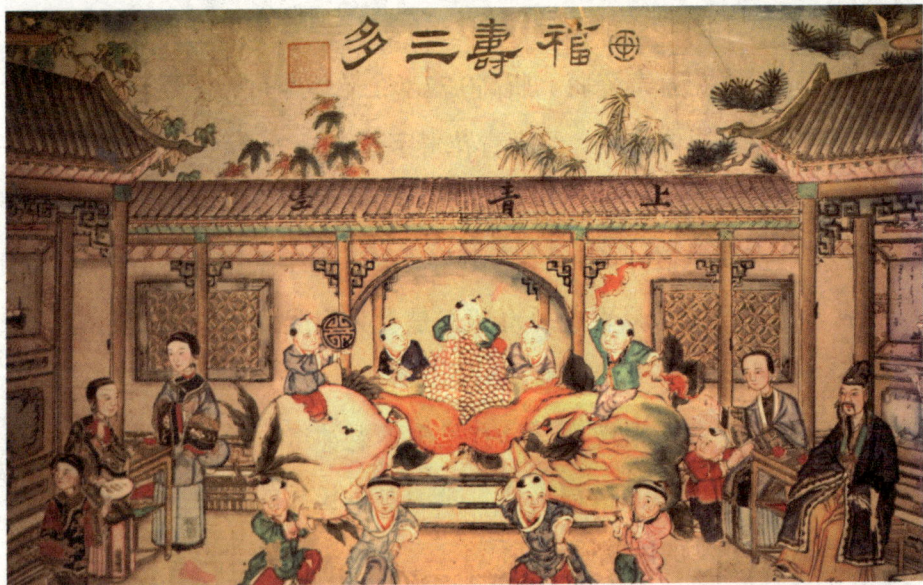

化的绘画传世作品。如汉代的彩画《夫妻宴饮图》以及魏末画像《竹林七贤图》，均记录了中国人原始形态的祝寿习俗活动。

隋代有敦煌壁画《西王母》，宋代有徽宗赵佶的《瑞鹤图》，宋代人《耄耋图》。赵佶的《瑞鹤图》，表现的是在庄严耸立的汴梁宣德门，门上方彩云缭绕，神态各异的丹顶鹤翱翔盘旋，空中仿佛回荡着悦耳动听的仙鹤齐鸣的声音。

明代有吕纪、吕文英的《竹园寿集图》，画中描述1499年户部尚书周径、吏部尚书屠、御史倪钟3人同值60岁大寿，诸僚至周径私宅置酒同庆的故事。画中诸公之相，各逼其真，从一个侧面反映了明代官员祝寿之风的实况，以及古代寿文化习俗的早已形成。

清代，北京、苏州、山东、开封、朱仙镇等地的年画中，都有不少反映寿文化的内容。另外，还有任伯年的《群仙祝寿图》《寿比南山图》《老子授经图》《麻姑献寿图》《三星图》；吴昌硕的《寿桃》《神仙福寿》《桃寿千年图》等多人的诸多作品。

清代康熙年间，瓷都景德镇将1万个异体寿字集于一体，于御窑场曾生产出一只青花万寿瓷瓶。瓶高0.77米，胎体厚重，胎质洁白细腻，形体端重秀丽，通体白釉，绘满青花寿字蔓纹。

寿字根据器形的变化，分别绘于瓶的口、颈、腹、足4个部位，以腹部最多最密，整整1万字，寓意万寿无疆。寿字采用各种篆书异体书写而成。据考证，这只青花万寿瓶，是专为康熙皇帝精心烧制的一件祝寿品，于是出现了"万寿图"。

在民间，千百年来被推崇具有长生不老神奇本领的各路仙人、吉祥物像，构成了中国人祈福求祥、盼望寿运长久的一幅美丽神奇的景观，中华群仙荟萃的巨幅画卷。

一个寿字，给中华民族追求生命的旺盛与长久，注入了无限美妙的激情。充分说明了中国人对生命的珍视、对生活的热爱、对高寿的企盼，展现了中华民族一种独特的崇寿文化情结。

知识点滴

《百寿图》中的寿字并不限于100种字体，用其他适当的字体也可以。其中，圆形的篆书字体为"圆寿字"，长方形的则称为"长寿字"。百寿图还有用不同字体兼以绘画形式，组成100个寿字的样式。

其中除了象形、钟鼎、鸟文、小篆等各种字体外，还有绘刻如太极图、蝌蚪文、桑叶形、花瓷罐、古彩陶以及垂柳、荷花、寿桃、葫芦、绿竹、祥云、蛟龙、博古文玩等花样组成的"寿"字，集中了传统的"寿字大全"。人们还将《百寿图》、花字体等不同形式的"寿"字图案组合起来，广泛用于建筑雕刻和衣料等方面。

五福中的喜，就像福一样，含义很广。传统的《四喜诗》写道："久旱逢甘雨，他乡遇故知。洞房花烛夜，金榜题名时。"概括了4桩喜事。而此外的喜事还有许多，诸如升官、得子、来财、长寿等，在我国，人们对于欢喜热闹的追求十分执著，自然要有位喜神来崇奉。

喜文化是我国最为传统的文化之一，喜文化早已在我国几千年的文化沃土中生根发芽。喜悦涵盖了精神与物质生活的丰裕，喜悦的生活成了中国人世代所追求的梦想。

丰富多彩的喜神传说

相传在很久之前，有一个女子非常虔诚地敬拜北斗星神，终于得成正果，北斗星君询问其所求，女子以手抿口，笑而不答。北斗星君摸不着头脑，误以为她祈要胡须，于是就赐了这位女子一把长须，又因为她笑时呈喜像而被封为了喜神。因为有长须，于是就不再让凡人看到她的形象，从此喜神专司喜庆，却不显神形。

所以，喜神最大的特点是没有具体的形象，也没有专门的庙宇，高度抽象。但后世也有将祖先画像或商纣王视为喜神，进行奉祀。

最初的喜神神乎其神，无影无

形，却又在此在彼，出现在不同的方位，凡事向着喜神所在的方位就会大吉。

在民间诸神中，喜神是不多见于经传的，同时其形象也很少见于图绘。

宋代人曾把人的画像称作"喜神"，进而有人作《梅花喜神谱》，把梅花之容称作"喜神"，这显然与作为神祇的喜神无关。

但是"喜神"究竟是谁，历来说法不一。但归纳起来，主要有两种说法。一是将其标榜成我国古代的帝王。有说喜神是商纣王。这种说法源自于《封神演义》，姜子牙封商纣王为天喜星。北京崇文门外精忠庙喜神殿，曾在光绪年间被称作"天喜宫"。

还有说喜神是后唐庄宗。唐庄宗是历史上有名的喜好戏曲的皇帝，既好俳优，又知音律，能度曲，被后世奉为戏界祖师。

　　然而，自明清时期以来，最普遍的说法当属唐明皇了。相传，唐玄宗是戏曲的创始人，尤其是自宋代起就有记载的明皇神游月宫，作《霓裳羽衣曲》的神话传说，在民间广为传播，更被梨园弟子们津津乐道。明代末期，被搬上舞台。清代初期，还将此传说画在了精忠庙喜神殿的壁画上。

　　按照我国的传统，人间的帝王乃天上星宿下凡，所以精通音律的明皇便又成为翼宿星君的转世。又因唐玄宗为唐睿宗第三子，常亲自登台出演，不便以君臣相称，故又被称作"三郎"或"老郎"。

　　还有一种说法是喜神小儿说。有的说喜神是演出时用的道具娃娃"彩娃子"，也有说是后台神龛里扎着小辫的娃娃。

　　相传，过去有人学戏，很久不会，梦见一小孩来教，马上领悟，于是尊小孩为喜神。

　　北京东岳庙喜神圣像两侧供奉着十二音神的牌位，分别是：先师鬼音沈古之真君、先师虎啸秦清真君、云音韩娥元真君、先师罗祖公远真君、琴音绵驹真君、猿音石存符真君、雷音孙登真君、龙吟王豹真君、黄幡焯真君、叶法善真君、凤鸣阮籍真君、鸟音薛谭真君。

　　关于十二音神的来历，有学者曾做过考释。黄幡焯、叶法善和罗公远3位真君，皆与唐明皇有密切的关系。黄幡绰为唐代名伶，善演参军戏，深得明皇宠爱，一日不见，则愁眉不展。平日侍从皇帝，也常常假戏谑，警惕其主，解纷救祸，人称"滑稽之雄"。叶法善和罗公远被奉为音神，大概是因为带明皇神游月宫之故。其余的9位皆为古之善啸和善歌者。

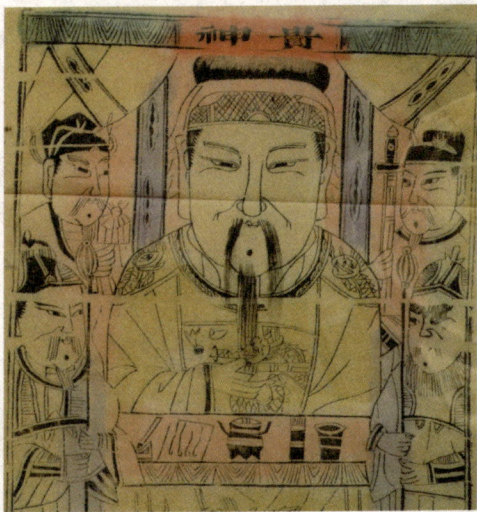

绵驹，为春秋时齐国民间的歌舞名家，有史记载的第一位国家级"歌星"。他弟子众多，形成浩大的民歌队伍，为古代民间歌舞发展起到了举足轻重的作用，被后人称为"歌圣"，后被奉为"音神"。

在民间，喜神与财神、贵神、福神一起被视为吉神，立牌位供奉，无具体形象。其方位应天象而变，遇到喜神则为大吉。

《梅花喜神谱》为1261年金华双桂堂刻本，也是我国最早的木刻图籍，我国第一部专门描绘梅花种种情态的木刻画谱。因宋代俗称画像为喜神，故名。

《梅花喜神谱》收录100幅图，分别描绘蓓蕾、小蕊、大蕊、欲开、大开、烂漫、欲谢、就实等梅花的种种形态。每幅图多一枝一蕊，形象鲜明而富有变化；图左边题诗4句，图上部根据花的情态标以寓意性画。

知识点滴

双喜临门而成红双喜

在我国，人们在结婚办喜事的时候，都要在门窗上贴上大红囍字，传说这与北宋宰相王安石年轻时，双喜临门的故事有关。

那一年，王安石23岁，他赴京赶考到汴梁后，抵城东马家镇舅舅家住宿。饭后漫步在街头，偶见马员外家门楼上悬挂一盏走马灯，灯上闪出"走马灯，马灯走，灯熄马停步"的对子，不禁拍手称道："好对呀，好对!"

这时，旁边站着一位老家人，向王安石作揖，说道："此上联已贴数月，至今尚无应对，相公既说好对，请略等片刻，待我禀报员外知道，一定求教。"

王安石因第二天将赴考，不等老家人出来便回舅舅家了。第二天，王安石在考场上对答自如，一挥而就。主考大人见其年纪轻轻，才华横溢，很是十分喜欢。在传其面试时，主考官手指厅前飞虎旗吟道："飞虎旗，虎旗飞，旗卷虎藏身。"

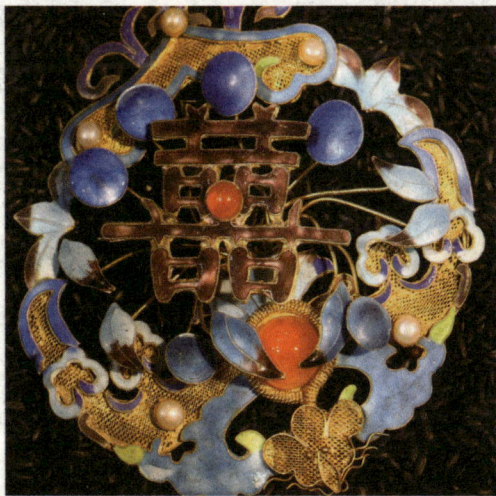

王安石想起昨日的上联，便信口吟道："走马灯，马灯走，灯熄马停步。"主考大人听罢，不禁频频点头。

王安石回到舅舅家。谁知刚坐定，只见昨日那位老家人匆匆赶来，说道："哎呀！相公，快随我走吧，我家员外等着呢！"

王安石随老家人来至马家，马员外见了他，一边施礼让座，一边命取文房四宝请他写下联。王安石不假思索，便将刚才主考大人的上联挥笔献上："飞虎旗，虎旗飞，旗卷虎藏身。"

原来，这是马员外家小姐的选婿对，王安石对出这个对子后，马员外即亲赴王安石的舅舅家为女儿求亲，双方商议后决定在三天后，为王安石和马小姐完婚。

第三天，正是吉日良辰，忽听大门外人欢马叫，两个报子前来报喜："王大人金榜题名，头名状元，明日一早，皇上亲自召见，请赴琼林宴！"

琼林宴是为殿试后新科进士举行的宴会。始于宋代。宋太祖规定，在殿试后，由皇帝宣布登科进士的名次，并赐宴庆贺。王安石一听自己金榜题名，请赴"琼林宴"，真是喜上加喜。顿时鼓乐喧天鞭炮齐鸣，与马小姐拜过天地，进入洞房。

新娘粉面含笑，对王安石说道："王郎才高八斗考得状元，又与奴家结为连理，真是大登科遇小登科，双喜临门呀！"

王安石听后，哈哈大笑，便将此事叙述了一遍，说："全仗娘子出得好联，下官何功之有？"说罢，提笔在红纸上写了一个斗大的红双喜，贴于门上，又吟诗一首：

巧对联成红双喜，天媒地证结丝罗。

金榜题名洞房夜，小登科遇大登科。

从此，结婚贴红双喜就在民间流传开来，成为喜庆吉祥的标志。不仅堂屋当间挂囍、大门外贴囍，而且窗花也剪囍，被褥枕头上也要

绣囍，以求得到吉祥如意的彩头。

事实上，该传说是在贴双喜婚俗的基础上产生的。它之所以为人们津津乐道，就在于它起到了阐释、渲染、传承贴红双喜婚俗的作用。而贴红双喜婚俗真正的起源，应是民间的喜神崇拜，与走喜方、迎喜神等有着密切联系。

在走喜方、迎喜神活动中，喜神主要是婚姻之神。随着喜神影响的逐渐扩大，人们在举行婚礼时，必然更多地向喜神祈福，希望喜神光临洞房，给新人带来更多的喜气。

然而，喜神自古没有留像，所以人们便据喜事成双的心理，将两个喜字并连起来作为喜神的标志，张贴于洞房，以祈婚姻幸福美满。

囍是一个汉字，读音同喜，又名"双喜"，通常用来表示结婚之喜，取其喜事成双之意。通常新人结婚所用的房屋、家具还有常使用的物品上都会贴"囍"的手工剪字。

要剪出一个"囍"，通常是使用一张红纸，平行对折两次，然后剪出"喜"字对称轴一侧的部分，即半个"喜"字。在折痕处要注意不要剪断该连接的部分。展开之后，"囍"就完成了。

知识点滴

喜神崇拜形式的走喜方

　　红双喜字，表达了人们对一对新人缔结婚姻关系的庆贺，寄寓了新人对于婚后幸福美满生活，尤其是早生贵子的祈求。红双喜字作为新人祈喜的图符，能够带给新人幸福，那就意味着图符与神灵有关。

其实，红双喜图符中还隐含着一个已为人所淡忘了的神灵，即喜神。贴红双喜习俗的来源，与古代迎喜神活动，即"走喜方"有关。

走喜方是喜神崇拜的主要表现形式。走喜方，即朝着喜神所在的方向行走，以期喜神显示吉兆赐给幸福。走喜方主要是即将出嫁少女的一种活动。所以，喜神多与婚姻有关，是赐给婚姻幸福美满的神。

走喜方活动，在正月初一举行。天刚亮，三三两两即将出嫁的姑娘，便相邀出门，朝着喜神的方向走去。民间以最早打鸣的公鸡所在的方位，为喜神所在的方向。所以，姑娘们在除夕夜基本上是不睡的，要竖耳静听，仔细辨识鸡的第一声鸣叫所在的方向。天亮后，姑娘们便朝着第一声鸡鸣的方向走去。

能否获得喜神的赐福或者能否碰上好运气，取决于途中能否遇到令人高兴的事物或被认为是吉利的兆头。人们把令人高兴的事物或吉利的兆头，看做是喜神的暗示。

遇上了这类事物，预示着将来婚姻顺利、幸福。反之，人们又把那些令人不高兴的事物或不吉利的兆头，看做没有碰上喜神而有厄运的标志。

通常，人们以易见的事物作为是否碰上喜神，即是否交好运的标志。如喜鹊与乌鸦就是常使用的标志。喜鹊为吉祥鸟，其斑驳的花

色，"叽叽喳喳"的叫声都给人热闹、喜庆的感觉。大年初一走喜方遇上喜鹊，被认为是吉庆之事。

喜鹊报喜的说法由来已久。撰于春秋时代，为我国最早的一部鸟类学著作《禽经》中就已提到。

在自然界里，鸟类中喜鹊除肩头各有一块白斑及腹部为白色外，整体一色，羽毛之颜色并不美丽。但自古以来，人们却喜爱喜鹊鸣声的嘹亮和柔和。"鹊噪兆喜"，认为鹊声是喜事的预兆。

在《禽经》中，就有"人闻其声则喜"的记载。其实，鹊噪兆喜早在汉代刘歆《西京杂记》"瑞应"中，就谈及"乾鹊噪而行人至，蜘蛛集而百事喜"这种传统的习俗。鹊，历来在民间有喜庆的意义。

喜鹊喜欢近人。在捕食时，常跳跃一下，或转一下身体，翘一下尾巴，发出一声或两三声动听的鸣叫，很受人们欢迎，认为是喜兆。

民间以最早鸣叫的鸡所在的方位，来确定喜神所在方位。而乾隆帝认为这种方法不够准确，于是还郑重其事地下旨，编撰过一本有关寻找喜神的方位的书《协纪辩方书》，其中的《义例·喜神》记载：

喜神于

甲巳日居艮方，是在寅时；

乙庚日居乾方，是在戌时；

丙辛日居坤方，是在申时；

丁壬日居离方，是在午时；

戊癸日居巽方，是在辰时。

这些法则，主要不是用于走喜方习俗，而是用于由走喜方衍生出来的婚俗，即花轿"迎喜神"。

新娘上轿之前，要由阴阳先生据上述法则，来确定喜神的方位和出现的时辰。然后，按算定的时辰起轿。

在起轿前，让轿口朝向喜神的方位放置，新娘上轿，略停一会，称作"迎喜神"，然后起轿往男方家。此习俗在古代民间十分流行。

此外，各地还有正月初一迎喜神的习俗，也是对准喜神所在方位，在一定时辰出迎、焚香、鸣鞭炮、并赶猪羊等，仿效古时候的宰牲飨神之举。

春节后，民间习惯选择第一个吉日，

外出郊游，称为迎喜节，也称"游喜神"。这天，大人小孩赶着马牛驴骡等家畜朝着喜神所在的方位前进。爱养鸽子的年轻人还要提上鸽笼。进入旷野后，老年人要举行礼仪。一般程序为：领头人先从木盘内取出各种祭物，呈品字形在地上摆供。然后用手垒3个小土堆，中间代表天神，左边代表地神，右边代表喜神。

土堆上各插香3炷，烧纸3张。大家三跪九拜，祈祷喜神保佑、出门顺利等。小孩子则要鸣放鞭炮，鸽子满天飞舞，家畜要任其自由撒欢奔跑。所有人还要放开嗓子，呐喊几声。爱唱的则尽情高歌。真是人欢马叫、歌舞升平。

迎喜神的日子，一般都在正月初五以前。晋北地区习惯选择在春节后的戊日或癸日。吕梁地区一般在正月初一日或初二进行。晋南的霍县等地则在正月初三游喜神。繁峙可能是在初四或初一迎喜神。

一个喜字，自古至今，包含着人们诸多的祈盼与祝福，也生动展现着中华民族的文化底蕴。喜虽然包罗万象，但归根结底则是人们对平安、幸福生活的向往。

知识点滴

中国人非常重视过年，过年要举行很多活动，古时过年的时候有祭祀喜神的习俗。长江流域一带非常重视祭祀吉神，正月初一早晨，人们祭拜祖先和其他重要神祇之后再祭祀喜神。

祭祀喜神是隆重而严肃的，人们要穿戴整齐，事先已查过历书，按照历书上注明的这一年喜神降临的方向，打开自己的家门，提着灯笼，拿着香表等祭祀应用之物，恭恭敬敬地向喜神降临的方向走去，沿途还得大放鞭炮，这就是迎喜神的仪式。迎喜神路上遇到人或动物，都要烧香、放鞭炮，还要祭拜一番。

充满喜事期盼的四喜娃娃

相传在明代有个解元叫解缙，有一次皇帝召集众才子，让他们每人制作一个手工艺品，并解释自己作品的内涵。解缙灵机一动，构思了这个四喜娃娃造型。皇帝问他何为四喜？

解缙随口答道："洞房花烛夜，金榜题名时。久旱逢甘雨，他乡遇故知。此乃人生四喜，故名四喜娃娃。"

此后，四喜娃娃作为表示祥瑞的喜庆图案，在民间广为流传。

四喜娃娃，是利用连体适形造型法而制出的民间玩具。人们将它摆在家中或者挂在身

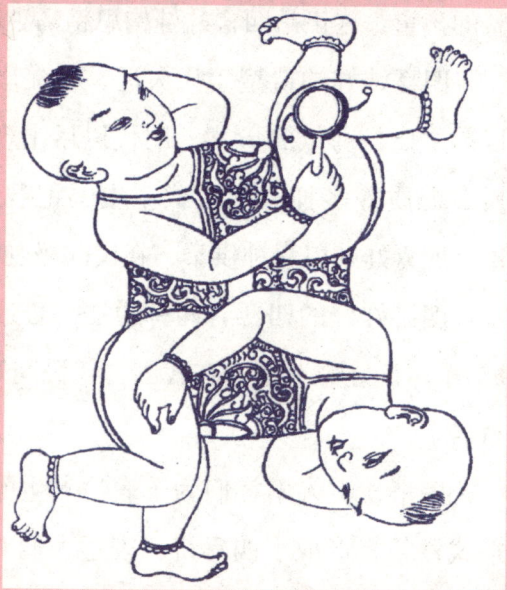

上，以期招来福喜。四喜娃娃的造型，是一对活泼可爱的娃娃系着肚兜，一手拿着芭蕉扇，一手紧握金元宝，呈现出调皮嬉闹的神态。经过组合，两个娃娃可转化成四童戏耍。

无论从哪个角度观赏，孩童或立或卧，或背或对，相互构成4个完整的孩童，这正是四喜娃娃构思精巧独特之处。

四喜娃娃的造型年代久远，早在唐代，就有了铜质四喜娃。明代以前主要是剪纸的形式，明代以后出现铜铸、陶质、木质、玉雕、瓷质、泥质等多种表现形式。史书记载，清代乾隆时，当时婚嫁礼俗中，四喜娃娃以喜神供奉，在民间极受喜爱。

四喜娃娃的四喜有两种说法。普遍的观点认为，由于两童组合形成4个，该娃娃造型又在我国古代民间婚嫁中作为吉物，四喜娃娃由此得名。

后来，文人墨客们为了表达人生的这四大喜乐之事，就以诗文的形式概括，形成了四喜诗，表达人们对喜事的企盼和喜爱。其中，宋代人汪洙的《神童诗·四喜》最为闻名：

久旱逢甘雨，他乡遇故知。

洞房花烛夜，金榜题名时。

汪洙9岁时即赋诗，有"神童"之誉。一日，汪洙牧鹅来到学宫，见学宫殿宇破败倾圮，触发心中的一番感慨。便有感而发，遂题诗于学宫壁上：

门徒夜夜观星象，夫子朝朝雨打头。

多少公卿从此出，谁人肯把俸钱修。

不几天，题诗被明州知府所发现，他感到很新奇，当即便把汪洙传唤到府衙。知府见眼前站立的竟是一个穿着破旧的小孩，就问："汝欲做神童耶？衫子为何如此破旧？"

汪洙应声答诗道："神童衫子短，袖大惹春风。未去朝天子，先来谒相公。"

知府一听，不得了，小小年纪，竟有如此大的口气，认为日后作为不可限量。

汪洙诗才横溢，先后写了不少五言绝句诗，都是一些便于孩童记诵的短诗。于是就有当时的塾师们将汪洙所赋的30多首五言绝句汇编诠补成集，题为《汪神童诗》。

《神童诗》文词通俗易懂，非常适合儿童记诵，它与《三字经》同誉为"古今奇书"，成为训蒙儿童的教材，流传极广，影响至为深远。其中的这首《四喜》诗脍炙人口，几乎妇孺皆知，历代传诵。

后来，明人朱国桢《涌幢小品》，将此诗改为七言"四喜诗"：

十年久旱逢甘雨，万里他乡遇故知。

和尚洞房花烛夜，童生金榜题名时。

在民间有一些认为，正月初一那天，天刚亮的时候公鸡鸣叫之处就是喜神降临的方向。就可以遇隐喜神。但是遇见了喜神能否迎回来还不一定，因为喜神认识你，而你不一定认识喜神。喜神也叫吉祥，就是吉祥如意之神。

所谓"喜神"，即能给人们带来吉利、带来欢喜、增添智慧，财运、官运之神，助学童金榜题名、助新婚夫妇吉祥如意之神。喜神和其他神祇多有不同，喜神不像土地、城隍那样有专门的庙宇，他和门神差不多，居无定所。

请财神是我国春节"迎富"活动的重要内容。财神崇拜在民间非常盛行。人们崇拜财富，希望发财致富过上美好幸福的日子，因而创造出财神。

财神是民间普遍供奉的一种主管财富的神明。财神是道教俗神，民间流传着多种不同版本的说法，赵公明被奉为正财神，李诡祖、比干、范蠡、刘海被奉为文财神，钟馗和关公被奉为赐福镇宅的武财神。

虽然各地请财神的风俗不尽相同，请财神的时间多有差异，但人们都有相同的愿望，就是来年财源广进、富贵吉祥。但"财神"并不是"钱神"，而是一种祈望。

专司财富的财神赵公明

　　相传赵公明出生在商末终南山的赵代村，姓赵名朗，生于农历三月十五黄昏。赵公明家境贫寒，为糊口进终南山砍伐木材。他诚实守信，勤劳致富，力大无穷，武艺高强，谋财有道，乐善好施，深得乡党信任。传说有人借赵公明钱财做生意，不料遭遇天灾亏了血本，一时无力偿还。

　　赵公明发现此人手持一双木棍，遂让其将这双木棍抵债，对方愕然。赵公明由这双木棍得到启发，将木材废料做成筷子出售，不但将借款"赚回"，而且积累了大量财富。

　　赵公明就是"箸"的发明人，终南山盛产竹子等各类木材，是制作筷子的主要材料。后来，筷子在民间逐渐推广，代替了之前以勺或手取食的习惯，成为方便卫生的餐具。据《韩非子·喻老》记载：

昔者纣为象箸而箕子怖。

司马迁在《史记》中也记载：

纣为象箸，箕子叹曰：彼为象箸，必为玉杯；为玉杯，则必思远方珍怪之物而御之。舆马宫室之渐自此始，不可振也。

可见，商纣王也是在赵公明发明竹箸、木箸的基础上创造了著名的"象牙箸"。后为文太师拜帅出山，助其抗周，被姜太公杀害，在封神的时候姜太公仰慕赵公明的贤名，就将他封为了财神。

但是也有传说说赵公明原是日精之一。古时天上有10个太阳，10个太阳每天一换，轮流当值，秩序井然，天地万物一片和谐。人们在大地上生活得非常幸福和睦。但是有一天，这10个太阳觉得无聊，就一起周游天空，可是，这样一来人和万物就受不了了。后来，天地派后羿去驱赶太阳，后羿拉开长弓，射下了9个太阳。

相传这9个太阳被后羿射下以后，变化成了9时鸟，坠落于青城山，变成9个鬼王，其中8个鬼行病害人，惟赵公明独化为人，避隐蜀中，精修至道。张陵在青城山炼丹时，收赵公明护卫丹室。

天师炼制的丹药成功之后，分给了赵公明一半。此药吃了之后便可以变化无方，但是很快，赵公明发现，自己自从吃了丹药之后，外形变得越来越像天师。天师也发现了这个问题，于是，就派赵公明去永镇玄坛，号玄坛元帅。

到了明代，小说《封神演义》有姜子牙封神一节，封赵公明为金龙如意正乙龙虎玄坛真君，率领招宝天尊、纳珍天尊、招财使者和利市仙官等，统管人世间金银财宝。

在道教中，财神一文一武，常指日春神青帝和月财神赵公明。文、武、义、富、偏五路财神的说法。文指文昌帝君在赵公明的左下方。武指月财神赵公明为正财神。关公因为挂印封金一介不取，被尊为义财神。

知识点滴

相传赵公明曾在峨眉山的洞府九老洞中修行，九老洞位与峨眉山中区的仙峰岩，洞内有一石床，传为赵公明修炼时睡觉的地方。于是，人们便在这个地方建造了一座神台，来奉赵公明的神像，称为财神殿。

许多到峨眉山的人，都要到财神前祭拜。祈祷或许愿，想多点财气、财运和好运。另外，相传赵公明这位财神爷喜欢吃牛肉。

生财有道的范蠡和比干

相传那是在商代的时候，商纣王被妲己所迷惑，丧德败行，荒淫无道，颠倒伦常，又宠信奸臣费仲、尤浑等致朝政腐坏，丞相比干身为纣王的叔父，责无旁贷，不时力谏纣王，但被妲己等人视为眼中钉。

鹿台完工后，纣王听信妲己妖言，欲会见仙姬、仙子。妲己心生一计，于十五日夜请轩辕坟内众妖狐变成仙子、神仙、仙姬来鹿台赴宴，享受天子九龙宴席，迷惑纣王。

席上，狐狸骚臭难闻。功夫浅薄的妖狐竟露出了尾巴。宴席上的纣王

叔父比干看得十分真切，宴后将此情告知武成王黄飞虎。经查，众妖狐都是轩辕坟内的狐狸精。

比干便与武成王黄飞虎领兵堵塞妖狐洞穴，放火将狐狸尽行烧死。比干还拣未烧焦的狐狸皮制成一件袄袍，严冬时献于纣王，以惑妲己之心，使其不能安与君前。妲己见袄袍尽是其子孙皮毛制成，心如刀割，深恨比干，誓挖其心。

一番思索之后，妲己找来雄鸡精胡喜媚，两人决心共同设计害死比干。忽然有一天，纣王正与妲己以及新纳妖妇胡喜媚共进早餐，忽见妲己口吐鲜血，昏迷不醒。喜媚道是妲己旧病复发，常有心痛之疾，一发即死。

冀州有一医士叫张元，用药最妙，有玲珑心一片煎汤吃下，此疾即愈，纣王便要传旨宣冀州医士张元，喜媚对纣王说朝廷到冀州路途遥远，并推算说在朝廷唯有丞相比干是玲珑七窍之心，可借一片食之，纣王信以为真，即命人急召比干。

比干听说之后，又愤怒又惊讶，由于先前姜子牙离开朝廷时，曾去相府辞行，见比干气色晦暗，知其日后必有大难，便送比干一张神符，叮嘱在危急时化灰冲服，可保平安。

比干在入朝前知道自己要遭

难，便服饮姜子牙所留符水。比干来到鹿台下候旨。纣王听到比干来到，对比干说妲己心痛之疾，唯玲珑心可愈。听说皇叔有玲珑心，乞借一片作汤，治疾若愈，此功莫大焉。

比干愤怒地道："君叫臣死，不死不忠。左右，取剑来与我！"

奉御将剑递与比干。比干接剑在手，望太庙大拜八拜，哭泣着说："成汤先王，岂知殷受断送成汤二十八世天下！非臣之不忠耳！"遂解带现躯，将剑往脐中刺入，将腹剖开，其血不流。比干将手入腹内，摘心而出，望下一掷，掩袍不语，面似淡金，径下鹿台。

比干一言不发，骑马飞奔跑了好几里路，忽然听见一妇人大叫卖无心菜，比干勒马问："人若是无心如何？"

妇人回答："人若无心即死！"

比干顿时大叫一声血如泉涌，一命呜呼了。

原来当年姜子牙留下柬帖，上书符印，将符烧灰入水，服于腹中，护其五脏，故能乘马出北门耳。见卖无心菜的，比干问其因由，妇人言"人无心即死"，若是回道"人无心还活"，比干亦可不死。

后来，姜子牙助周灭纣成功，奉元始天尊的法旨封神，比干被追

文财神范蠡

封为北斗七星中心的天权宫"文曲星君"。也有说，因为比干心被挖空后成了无心之人，正是因为无心无向，办事公道，所以被后人奉为"文财神"。

春秋时期，范蠡成了人们心中的又一位财神，相传范蠡戮力辅佐越王勾践，终于使得越国复兴。胜利后，越王封范蠡为上将军。可范蠡知道勾践为人可共患难不能共富贵，于是就辞书一封，放弃高官厚禄，只装少量珠宝，乘舟远行，一去不返，范蠡辞去上将军后，辗转来到齐国，变姓名为鸱夷子皮，在海边结庐而居。戮力耕作，兼营副业，很快积累了数千万家产。范蠡仗义疏财，施善乡梓，他的贤明能干被齐人赏识，齐王把他请进国都临淄，拜为主持政务的相国。

范蠡喟然感叹道："居官至于卿相，治家能致千金；对于一个白手起家的布衣来讲，已经到了极点。久受尊名，恐怕不是吉祥的征兆。"于是，才三年，他再次急流勇退，向齐王归还了相印，散尽家财给知交和老乡，再次隐去。

行至陶地，范蠡看到这里是贸易的要道，可以据此致富。于是，他自称陶朱公，留在此地，根据时机进行物品贸易，时间不长，就累积万万。后来，范蠡的第二个儿子因杀人而被囚禁在楚国。范蠡说："杀人偿命，该是如此，但我的儿子不该死于大庭广众之下。"于是就派少子前去探视，并带上一牛车的黄金。

可是长子坚持要替少子去，并以自杀相威胁。没办法，范蠡只好同意。过了一段时间，长子带着次子的死讯回到家。家人都感到悲哀，唯有范蠡独笑说："我早就知道次子会被杀，不是长子不爱弟弟，是有所不能忍也！他从小与我在一起，知道为生的艰难，不忍舍弃钱财。而少子生在家道富裕之时，不知财富来之不易，很易弃财。我先前决定派少子去，就是因为他能舍弃钱财，而长子不能。次子被杀是情理中的事，无足悲哀。"可谓知子莫如父。

或许正是因为范蠡有这"三聚三散"，后人才把他尊为财神。

范蠡的经营智慧历来为民间所敬仰，于是有许多经营致富术托与陶朱公名下。如《经商十八忌》：生意要勤快，切忌懒惰；价格要订明，切忌含糊；用度要节俭，切忌奢华；赊账要认人，切忌滥出；货物要面验，切忌滥入；出入要谨慎，切忌潦草……

十八忌多是为商家经验之谈，托名陶朱公，由此可见，他作为财神在民间商人心中的智慧形象。范蠡一生艰苦创业，积金数万；善于经营，善于理财，又广散钱财，故称其为文财神，也就理所当然了。

相传宋代的蔡京非常富有，民间传说他是富神降生，他恰生于正月初五，所以民间把他当做财神爷来祭。

后蔡京被贬，民间另换财神爷，当时宋代的国姓为赵，玄字为"岚"字的一个组成部分，便给财神爷起了一个赵玄坛的名字加以敬拜。初五接财神爷，赵玄坛最受尊拜。许多商店、住宅都供奉他的木版印刷神像：玄坛面似锅底，手执钢鞭，身骑黑虎，极其威武。

知识点滴

信义为本的武财神关羽

相传，关公的前生本是"解梁老龙"，在汉桓帝时期，河东连年大旱，老龙悯民心切，是夜吸黄河水兴云施雨。玉帝见老龙公然违反天命，擅取封水，就下令天曹以法剑斩之，并将他的头扔到了地面。

解县的僧人普静，在溪边发现了龙首，就将龙首提到庐中并放置在了合缸内，为其诵经咒9日，这天，普静听见缸中有声音，打开一看却什么都没有，普静很奇怪。

然而就在这时，溪东的解梁平村宝池里关毅家里，却诞生了一名新生的婴儿，乳名寿，取名长生，后自名羽，字云长。

关羽长大以后，疾恶如仇，因看不惯恶豪倚势凌人，失手杀了恶豪之后奔走江湖。但是也有记载称，当时所杀之人乃解州盐池税吏，由于关羽将所贩私盐藏于竹杠之中，被税吏用木棍敲击时发现，税吏借机勒索，关羽不从，斗殴中失手将税吏杀死。

从此，民间有了把获取不义之财称为"敲竹杠"的说法。

东汉末年，与刘备、张飞"桃园结义"，誓共生死，同起义兵，争雄天下。200年，曹操出兵大败刘备，刘备投靠袁绍。曹操擒住了关羽，看中关羽为人忠义，拜为偏将军。后曹操察觉关羽心神无久留之意，便用大量金银珠宝、高官、美女来收买，但关羽丝毫不为钱财名利所动。

当关羽得知刘备在袁绍处，立即封金挂印，过五关斩六将去寻刘备。刘备自立为汉中王，封关羽为五虎大将之首将。曹操得知大怒，与司马懿设计，联合孙权共取荆州。刘备拜关羽为"前将军"，都督荆襄郡事，令取樊城。

关羽分荆州之兵攻取樊城，不幸中吕蒙之计，痛失荆州，夜走麦城，兵败被擒，不屈而亡。关羽遇难后，阴魂不散，荡荡悠悠，直至荆州当阳县玉泉山上空大呼："还我头来！"

山上老僧普静闻说道："……今将军为吕蒙所害，大呼'还我头来'，然则颜梁、文丑此等众人之头，又向谁索？"

关羽恍然大悟，冤冤相报永无宁日，遂下决心皈依佛门。

关羽一生忠义勇武，坚贞不二，不为金银财宝所动，被佛、道、儒三教所崇信。明清时期，关羽极显有"武王""武圣人"之尊，不但在佛教界位居伽蓝殿之尊，商贾们更是敬佩关公的忠诚和信义，把关公作为他们发财致富的守护神，奉为武财神。

经过几千年的历史演变，关羽俨然成为了老百姓心目中的神像，也是古代各地商人修建山陕会馆中正殿所坐神像，威风八面，丹凤眼卧蚕眉，传说关羽塑像不能怒目圆睁，若神像眼睛全睁就要杀人了。

关羽不仅被供奉为道教的神像，有着很高的地位，后来佛教也会追加关羽为护法神将，被尊称为"伽蓝菩萨"。

由此可看关羽在百姓心目中的地位，在河南、山东、陕西、山西、甘肃、湖北，以及南方沿海地带很多地方都有关羽的寺庙，可谓壮观雄伟。关公像威武，不但忠义感人，而且还能招财进宝。摆放武财神时，应面向屋外，或朝向大门。一方面可以招财进屋，同时又可镇守门户，阻挡外邪。

世人尤其是商贾们都敬佩关公的忠诚和信义，希望关公作为他们发财致富的守护神，另外，人们希望商贾坚守诚信进行交易，把关公奉为公正人，来维护传统的道德秩序。

关公像关公武财神又为正义及正气化身，最善制煞镇妖除鬼魅防小人，家中若有久病之人，或者身体健康状况不佳，请一尊圣像镇守宅中，善莫大焉，所以也被称为"关圣帝君"，简称"关帝"。除了可以"治病除灾，驱邪辟恶，诛罚叛逆，巡察冥司"之外，还有"司命禄，庇护商贾，招财进宝"，又因忠义，被奉之为财神。

在民间，供奉武财神也有很多规矩。武财神在供奉时，面一定不可以朝内，只可以面朝宅外，以镇压群邪，使邪魔不敢入宅侵犯。供奉武财神时，不能两位武财神同时供奉。

洛阳关帝阁以信、义、仁、勇、忠为宗旨，以弘扬关公文化，祈福众生为己任，为使广大缘友能结缘自己的财神，是我国第一家把关公文化、易文化与民俗传统文化玉器、珠宝、法物等凝聚为一体，展示出深远的用意与独特的文化内涵，让关圣帝君之信、义、仁、勇、忠的品德感染芸芸众生，带给世人吉祥如意，平安幸福。

传统习俗中的祭神求财

相传在隋文帝年间，周村有一个姓李的掌柜，在齐州府经营一家叫"财帛永兴"丝绸店。他在农历七月二十一那天夜里，一连做了3个完全相同的梦。

梦中的他清楚地记得自己正在照顾生意，门外却突然来了一个耄耋老者，一进门就坐在一把椅子上对他念叨说："明天是我的诞辰。谁给我过，保证他财运亨通，生意兴隆！"

李掌柜为讨个吉利，于是第二天一早就准备好香纸、供品、鞭炮，并根据梦中老者的嘱咐，燃放鞭炮，奉献香火，祭奠先祖。

　　说来也怪，那天来看热闹的人不少，看完后都纷纷涌到店内买绸布，本来冷清的生意立马红火起来。李掌柜迎财神的事儿很快被好事者一传十，十传百。所以，每年阴历的七月二十二，齐州济南府的家家店铺都效仿，形成了迎财神的习俗。清代顾禄在《清嘉录》中记载：

　　正月初五，为路头神诞辰。金锣爆竹，牲醴毕陈，以争先为利市，必早起迎之，谓之接路头。

　　今之路头，是五祀中之行神。所谓五路，当是东西南北中耳。

　　上海旧历年有抢路头的习俗。正月初四的子夜，备好祭牲、糕果、香烛等物，并鸣锣击鼓焚香礼拜，虔诚恭恭敬敬财神。初五日俗传是财神诞辰，为争利市，故先于初四接之，名称"抢路头"，又称"接财神"。

　　五祀，即祭户神、灶神、土神、门神、行神，所谓"路头"，即五祀中之得神。凡接财神必须供羊头与鲤鱼，供羊头有"吉祥"之意，供鲤鱼是图"鱼"与"余"谐音，讨个吉利。人们深信只要能够得到财神的显灵，便可发财致富。

因此，每到过年，人们都在正月初五零时，打开大门和窗户，燃放爆竹烟花，向财神表示欢迎。接过财神，大家还要吃路头酒，往往吃到天亮。大家满怀发财的希望，但愿财神爷能把金银财宝带来家里，在新的一年里大发大富。

迎来了财神，就会有送财神。旧时，从春节子夜开财门起，就有送财神的，手拿着一张纸印的财神在门外嚷着："送财神爷的来啦！"

这时屋里的主人，为了表示欢迎财神，便拿赏钱给来人，送财神的口中，当然总免不了要说些吉利话。例如："金银财宝滚进来啦！""左边有对金狮子，右边有对金凤凰啦！"等之类的口彩。

另外还有一种就是装扮成财神爷的模样，身穿红袍，头戴纱帽，嘴上挂着假胡子，身上背着一个收钱的黄布袋，后面跟着几个敲锣打鼓的，挨家挨户地去散发财神爷像，以便讨赏钱。每到人家门口，就唱起："左厢堆满金银库，右边财宝满屋堆。"一大堆讨吉利的话，不绝于口。

直至主人欢喜地接过那张红纸财神爷像，给他们些钱，扮财神的这些人，连声道谢之后，就起劲地敲打一阵，在"咚咚锵锵"的锣鼓中，转到别家去了。

在我国民间还有祈财的习俗，担水进财就是其中的一种。相传过去有兄弟三个拆灶分家。分家时，哥仨都是穷汉，可是三年后，老三盖了房子娶了媳妇，老大和老二仍旧是穷打光棍。

除夕之夜，老三和媳妇办了桌年夜饭，请大哥二哥前来团聚。酒过三巡，当哥哥的争着向三弟请教："你三年脱贫，可有啥秘诀？"

老三笑而不答，老哥俩问得更紧。

老三说："这样吧，明天一早，我们各自去河里挑一担水来，见面后再讲。不过，一定要起早呀！"

第二天，曙色未显，"噼里啪啦"的鞭炮声把熟睡的老大和老二吵醒了。想到要讨教"秘诀"，两人拿起扁担水桶，各去河边挑了一担水往三弟家走去。

乍进院门，只见老三早就把几口大水缸都灌满了。"你，你起得这么早呀？"两位老哥诧异道。

"对，这致富秘诀嘛，就是一个'早'字。"就是要勤劳嘛。从此，他们天天坚持早起干活，夜黑歇工，三年以后，也都盖了房子娶了媳妇。

这故事传开后，老辈人都受到启发，每逢正月初一，都要儿孙摸黑早起，赶着去河边井边去担水，意思是开了个好头，坚持下去。谁起得早，谁家越兴旺，这第一担水也被赋予了"金银水"的美称，寄托着迎喜纳富的美好愿望。按规矩，还要将此水煮

沸沏茶，先敬祖先。

据说挑这一担水时，还不许吭声，怕走了"财气"，由此形成的景观便是众人各干各的，互不招呼，只听见河边井畔和路上村里"叮咣叮咣"的水桶与铁钩的撞击声，此起彼伏，别有一番风趣。

与此相似，在华北地区，也有所谓"送财水"的习俗。大体是正月初二的早晨，卖水人挑一担水，水桶上还放几根柴火，推门走进人家宅院，高声喊道："要水吗？"原来这几根柴火便代表"财"字。

主人家连忙大声应道："接财水，接财水！"意思是从这一担水开始，新年中的财富就会如流水一般源源流进家门，而卖水人照例可以从主人家获得一些额外的财水钱，倒是先发点小财的实惠。

知识点滴

钱龙引进是古代最大的吉祥物，以铜钱组成的钱龙形象，可以说事富贵吉祥之极。钱龙浑身上下都是钱，并且4爪抓住钱乘祥云而至，引来无数的财富，正所谓"钱龙引进四方财"。

每逢农历正月初一，很多人家都喜欢在屋内的左右窗户上，对贴肥猪窗花各一张，以祝愿财物进家，这种寓意常表现在剪纸中，最为典型的当数天津的剪纸《肥猪拱门》了。

以来财为代表的招财祥物

相传在周代的时候，姜尚在遇见文王前一直穷困潦倒。他甚至被自己的老婆当着众人的面斥为：就算死了也不会有一张草席裹身。令姜尚极为光火，极为无奈。

就在姜尚被众人甚至自己的老婆蔑视、嘲笑的时候，一位97岁的老邻居却给了他默默的关怀和鼓励："子牙呀，你还年轻。才77岁嘛。还有前途，穷困潦倒遭受白眼虽是世风日下，人心不古所致，但更

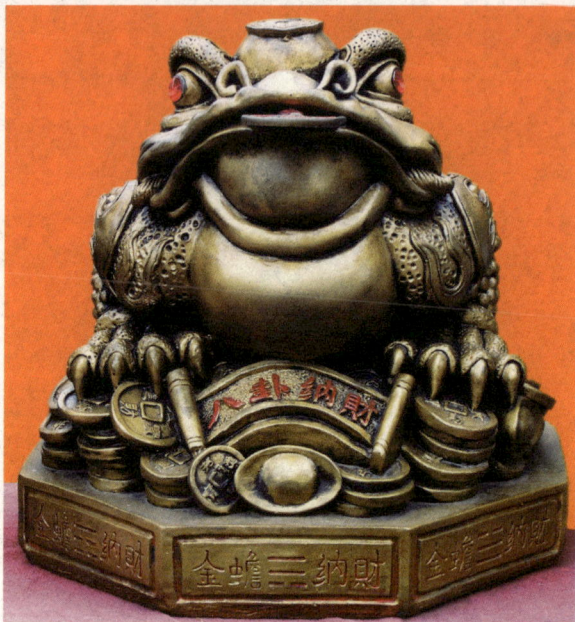

是人生的一种考验。你不是一直希望建立一门星象命理学吗？我相信你会成功的。相信你自己也通过星象预测到了自己的未来了。"

姜尚答道："我虽然一直孜孜以求于自己的事业。但是正如你老所说的，我现在已经是77岁的人了。人生70古来稀。我的这一夙愿可能要与我长眠于黄土之下了。"

"啊呀！"老叟喝道，"你才77岁就老了，那我97又算什么？就算你97岁死，也还有20年的光阴。这20年，有什么事不能干成？"

老叟的一记话犹如当头棒喝，唤醒了沉浸在极度苦恼中的姜尚。于是姜尚去了渭水河畔。根据对星象的观察，改变自己一生命运的贵人将会在渭水河畔出现。他决定等。

终于，姜尚在80岁的时候等来了周文王。

姜子牙因80岁遇文王成就周代800年天下而流传后世，他对事业的执著追求也激励着后人。姜尚建封神榜封诸神。衣锦还乡之时，很是感激那位在自己极度苦恼极度烦闷极度自卑极度不爽的时候给了自己鼓励的老叟。为此，他问老人："老人家，你有什么愿望吗？"

"我活了100岁，穷了100年。"老叟回答。

"侍应生！笔墨伺候！"

铜牌，铜锤应声而上。姜子牙挥笔写起字来。半晌4个斗大的"只见财来"挥笔而成。

写好后，姜子牙说："老人家，把这个挂在你家中堂的神龛下方处，自有神妙出现！"

在老叟百岁大寿那天，奇迹出现了，中堂堆满了钱财，看到自己为之期盼一生的愿望在自己百岁寿辰的时候出现了，老叟寿终正寝，无疾而终。老叟虽然终去了，但是，姜尚为感谢老叟而"写"下的那4个斗大的"只见财来"，自此以后便流传了下来。

"只见财来"是民间流行吉祥祝福语合成字，由只、见、财、来4字合成图形应用于年节对联贴于门心、厅堂还有店面，剪纸艺术，用品礼品等。如只见财来，招财进宝等都寄托了人们美好的愿望。

在民间三腿的蛤蟆被称为"蟾"，传说它能口吐金钱，是旺财之物。金蟾的造型很多，一般为坐蹲于金元宝之上的三足蟾蜍，背负钱串，丰体肥硕，满身富贵自足，有"吐宝发财，财源广进"的美好寓意，所以民间有俗语"得金蟾者必大富"。

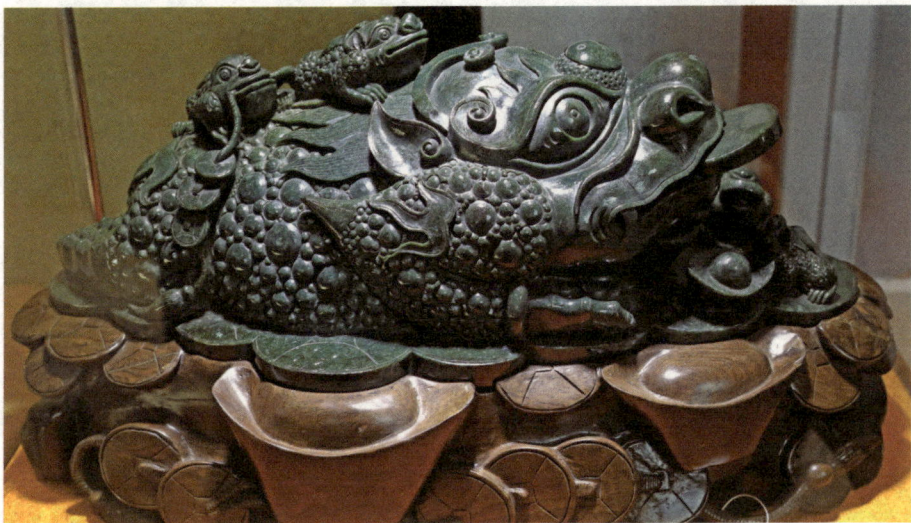

后来，玉蟾蜍作为一种装饰品走进千家万户，他不仅有装饰作用，还可避邪、招财。

玉蟾蜍的摆放也是很有讲究的，它的头朝门可以为您吸财，在它的尾部压上钱，代表可以双倍地为您滚财。人们通常把蟾蜍叫"金蟾"，古语讲"家有金蟾，财源绵绵"。三脚的蟾蜍天性喜欢金银财宝，对钱财有敏锐洞悉力，很会挖掘财源。

刘海禅师平生喜欢布施济贫，得到三脚蟾蜍相助，救济贫穷百姓无数。此后，三脚蟾蜍被认为"招财宝物"。早上蟾蜍的头朝门外，让蟾蜍对外咬钱；晚上头朝内，让蟾蜍将钱放入金库。

金蟾口含一串钱币昂首向上，爪下满是金钱，体现出特有的民间神秘色彩，是意喻招财纳福国泰民安的象征。

金钱树叶片圆厚丰满，易于生长，生命力旺盛，吸收外界金气，极利于为家中进财，被视为招财的祥瑞植物。

除此之外，万年青、棕竹、发财树、铁树和摇钱树，在民间也都是有象征生财旺运意义的植物。

知识点滴

在民间，一直都有"狗来富，钱入库"的说法。从易卦来说，在十二生肖中有狗无猫，狗为农历九月季秋属土，在后天八卦方位上为艮为东北，东北为生门为吉庆之方位，故艮卦为吉，象征艮卦之狗来当然吉，另外狗为戌，对应《易经》里的乾卦，而乾为金代表金钱与贵人运。

而飞星排盘中艮为破军星与武曲星，乾卦同为西方金，金在国人的观念里就是财，所以民间有狗来进财一说。另外，狗的叫声类"旺、旺、旺"，民间取其谐音吉祥寓意也喜狗。